개념어

중등 내신 **잡고**  수능 국어 **실력 다지는**

어휘력

1

시 문학

꿈씨앗연구소 지음

개념어

중등 내신 **잡고** 수능 국어 **실력** 다지는

어휘력

1

시 문학

BM (주)도서출판 **성안당**

국어 성적을 올리는 어휘력의 비밀

> ❝ 국어 시험 오답의
> 99%는 어휘 때문이다. ❞

초등 때까지는 그런대로 할만했던 국어가 중학교, 고등학교로 갈수록 점점 공부하기 어렵고 까다로운 과목으로 여겨집니다. 여러 이유 중에서 독해력 저하가 가장 큰 원인으로 지목됩니다.

글을 읽고 그 내용을 이해하는 능력인 독해력은 모든 학습의 기본이자 학교 성적까지 좌우하는 가장 중요한 능력입니다. 이러한 독해력을 높이는 데 가장 효과적인 방법이 바로 '어휘력'을 키우는 것입니다. 아무리 독해력이 뛰어나도 모르는 단어가 많으면 글의 내용을 제대로 이해하기 어렵습니다.

시 영역에서 자주 나오는 문제 유형을 예로 들어 보겠습니다. 만약 다음 문제의 밑줄 친 단어들의 의미를 정확하게 알지 못한다면 지문이나 시를 아무리 정확하게 파악해도 정답을 찾기 어렵습니다.

> **01.** 이 시에 대한 설명으로 가장 적절한 것은?
> ① 감각적 심상을 활용하여 대상을 형상화하였다.
> ② 공감각적 표현을 통해 계절적 배경을 드러냈다.
> ③ 역설적 인식을 통해 주제 의식을 강화하고 있다.
> ④ 대구적 표현을 통해 대상의 특성을 부각하고 있다.
> ⑤ 도치법을 사용해 화자의 간절한 심정을 표현하고 있다.

현재 표준국어대사전에 등재된 단어의 개수는 대략 51만 개입니다. 그런데 이 모든 단어를 알려면 너무 오랜 시간이 걸립니다. 무조건 많은 단어를 공부하는 것보다 꼭 필요한 단어들을 선택하여 집중하는 것이 더 효과적입니다.

그렇다면 어떤 어휘를 어떻게 공부해야 할까요? 시험을 대비해야 하는 학생의 경우 교과 과정에 포함된 필수 어휘를 공부해야 합니다. 특히 국어는 개념을 잘 알면 시험에서 요구하는 대로 작품을 해석하고 문제를 풀 수 있습니다. 그러므로 국어 시험에 자주 출제되는 개념어를 알아야 문제를 정확하게 이해하고 정답을 찾을 수 있습니다.

국어 시험에서 왜 틀렸는지 물어보면 많은 학생이 실수로 문제를 잘못 읽었다고 합니다. 엄밀히 따지면 이는 실수라기보다는 문제의 의도와 선지에 담긴 뜻을 정확하게 이해하지 못한 것입니다.

많은 사람이 국어는 언어적 감각으로 문제를 푸는 것으로 생각하지만, 실제 국어 시험은 명확한 근거를 가지고 논리적으로 접근해야 합니다. 출제되는 국어 시험의 유형을 분석해 보면, 영역별 유형이 어느 정도 정해져 있습니다. 특히 시험 범위가 정해져 있는 내신 시험의 경우, 나올만한 문제 유형을 예측하고 준비할 수 있습니다. 시의 경우 화자의 어조와 태도, 운율 형성 방법, 다양한 수사법, 시적 상황 등에 대한 개념을 정확하게 알아야 문제의 의도를 파악하고 선지에서 정답을 고를 수 있습니다.

집을 팔아도 안 되는 것이 국어 점수 올리는 일이라는 말이 있을 정도로 국어 실력을 선천적 능력이라 여기는 사람들이 많습니다. 하지만 이는 국어 공부법을 알지 못하기에 하는 말입니다. 국어 실력의 가장 기본인 어휘력부터 차근차근 익히고 기출 문제 위주로 각 유형을 분석하면서 공부한다면, 누구의 도움 없이도 충분히 좋은 성적을 낼 수 있습니다. 국어 공부는 어렵다는 말에 현혹되지 않고 한 단계씩 실력을 쌓아가다 보면, 결국 가장 높은 곳에 도달할 수 있다는 믿음으로 꾸준히 노력하길 바랍니다.

꿈씨앗연구소

중등 내신부터 수능까지 국어 학습력 강화를 위한
국어 성적을 결정짓는 개념어·어휘력 시리즈

「중등 내신 잡고 수능 국어 실력 다지는 **개념어·어휘력**」 시리즈는 학년 구분 없이 중등 과정 전체를 총 3권으로 구성하였습니다. 국어 공부의 핵심인 개념 어휘를 '시 문학, 현대·고전 소설, 비문학'으로 구분하여 각 권에 나누어 담았고, 중등 국어 교육과정을 바탕으로 엄선한 필수 어휘와 실생활에서 가장 많이 사용되는 사자성어로 어휘력을 확장할 수 있습니다. 또한 단어의 사전적 정의를 단순히 나열하는 데 그치지 않고, 풍부한 예시와 실전 문제를 통해 개념을 더욱더 쉽게 이해하고 실제 시험에서 큰 효과를 발휘할 수 있습니다. 이 책에 수록된 어휘를 완전히 내 것으로 만들면 국어 공부가 쉬워지는 것은 물론이고, 국어를 이해하는 안목도 깊어질 것입니다.

대상	• 중등 전 학년 & 고등 1학년

- 국어 시험에 자주 나오는 **시 문학** 개념어 학습
- 국어 교과서에서 뽑은 중등 과정 필수 어휘 익히기
- 실생활에서 많이 쓰는 사자성어 익히기
- 기출 예시와 실전 문제로 국어 실력 키우기

- **현대·고전 소설** 개념어 학습
- 국어 교과서에서 뽑은 중등 과정 필수 어휘 익히기
- 실생활에서 많이 쓰는 사자성어 익히기
- 기출 예시와 실전 문제로 국어 실력 키우기

- 법률·경제 관련 빈출 어휘 익히기
- 문화·예술 관련 빈출 어휘 익히기
- 인문·철학 관련 빈출 어휘 익히기
- 과학·기술 관련 빈출 어휘 익히기
- 기출 예시와 실전 문제로 국어 실력 키우기

차례

STEP 1 기본 실력 점검하기

모든 공부에서 가장 기본은 '자신이 무엇을 알고 무엇을 모르는지 아는 것'입니다. 본격적인 어휘 학습에 앞서 '국어 실력 확인 문제'를 풀며 공부할 단원에서 아는 것과 모르는 것을 확인합니다. 틀린 문제가 많아도 실망할 필요는 없습니다. 찍어서 맞히거나 오답인 문제는 해당 부분을 공부할 때 더 집중해서 보게 되므로 오히려 학습에 큰 도움이 됩니다.

제1차시   **국어 실력 확인 문제**

※ 01~04 다음 설명에 맞는 단어를 **보기** 에서 찾아 쓰시오.

보기

음운   율격   음보   운율

01 시를 읽을 때 느껴지는 말의 가락으로, 시의 음악성을 형성하는 것. ( )

02 말의 뜻을 구별해 주는 소리의 가장 작은 단위로 자음과 모음을 의미함. ( )

03 시를 읽을 때 의미와 느낌을 살리며 읽기 위해 끊어서 읽는 단위. ( )

04 정형적인 구조를 갖춘 시에서 반복적으로 보이는 언어의 리듬. ( )

※ 다음 시를 읽고 물음에 답하시오.

> 내 고장 칠월은
> 청포도가 익어 가는 시절
>
> 이 마을 전설이 주저리주저리 열리고
> 먼 데 하늘이 꿈꾸며 알알이 들어와 박혀
>
> – 이육사, 「청포도」 중에서

05 풍요로운 고향의 모습을 청포도와 연결 지어 표현한 음성 상징어를 찾아 쓰시오. ( )

※ 06~09 다음 설명에 맞는 단어를 **보기** 에서 찾아 쓰시오.

보기

선각자   노무자   이주민   조력자

06 육체노동을 하여 돈을 받고 살아가는 사람. ( )

07 다른 지역으로 옮겨가서 사는 사람. ( )

08 남보다 먼저 사물이나 세상일을 깨달은 사람. ( )

09 힘을 써 도와주는 사람. ( )

※ 10~13 다음 설명을 읽고 제시된 초성에 맞는 단어를 쓰시오.

10 다른 나라에서 일정 기간 동안 머물러 있는 사람.

ㅊ ㄹ ㅈ ☐☐☐

11 지혜와 재주가 썩 뛰어난 사람.

ㄱ ㅈ ㅇ ☐☐☐

12 장래의 발전을 기대할 만한 인물.

ㄱ ㄷ ㅈ ☐☐☐

13 생각과 마음이 좁고 간사한 사람들이나 그 무리.

ㅅ ㅇ ㅂ ☐☐☐

14 어떤 문제를 해결하는 데 다른 방법이 없어서 나쁘지만 어쩔 수 없이 쓰는 방법을 의미하는 사자성어는?

① 고군분투(孤軍奮鬪)   ② 고육지책(苦肉之策)
③ 고진감래(苦盡甘來)   ④ 관포지교(管鮑之交)

15 그릇된 학문으로 권력자에게 아첨하는 언행을 뜻하는 사자성어는?

① 관포지교(管鮑之交)   ② 고군분투(孤軍奮鬪)
③ 곡학아세(曲學阿世)   ④ 과유불급(過猶不及)

- 1단계는 해당 단원에서 배우는 어휘에 대해 현재 실력을 점검하는 것이 목적이므로 이 페이지를 풀고 채점한 후 본격적인 학습을 시작합니다.
- 정답을 맞힌 문제라도 완벽하게 알지 못한다면 단원을 공부할 때 적극적으로 학습합니다.

시험 빈출 어휘로 국어 개념 잡기

국어 공부에 있어 가장 중요한 것은 국어 관련 개념어를 정확하게 아는 것입니다. 국어 개념어를 아느냐 모르느냐에 따라 국어 성적이 결정된다고 해도 결코 지나친 말이 아닙니다. 개념어를 정확하게 알지 못하면 국어 시험의 문제와 지문을 제대로 이해할 수 없습니다. 실제로 아이들이 국어 시험에서 틀리는 문제 대부분이 어휘와 관련된 것이고, 그중에서도 개념어를 가장 어려워합니다. 다음과 같이 실제 시험에서 자주 나오는 개념어인 '객관적 상관물'의 뜻을 모른다면 정답을 찾기 어렵습니다.

> 02 이 시에서 쓸쓸한 화자의 내면세계를 보여 주는 객관적 상관물을 찾아 쓰시오.
>
> (   )

이 책은 단순히 개념어의 사전적 의미를 알려주는 것이 아니라, 예제를 통해 쉽고 체계적으로 개념을 익히고, 실전 문제를 통해 완벽하게 이해하도록 구성하였습니다.

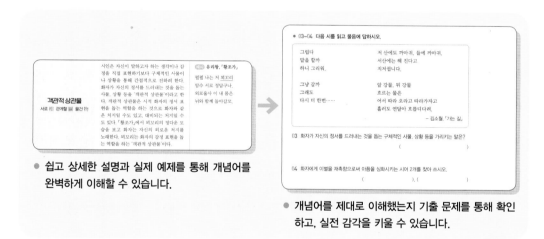

● 쉽고 상세한 설명과 실제 예제를 통해 개념어를 완벽하게 이해할 수 있습니다.

● 개념어를 제대로 이해했는지 기출 문제를 통해 확인하고, 실전 감각을 키울 수 있습니다.

시와 관련된 문제 중에서 시의 분위기, 화자의 태도나 어조 등을 묻는 문제가 많습니다. 이런 유형 문제에 많이 나오는 어휘들을 알고 있다면, 시를 제대로 감상하고 관련 문제를 정확하게 풀 수 있습니다. 시의 태도와 어조를 설명할 때 자주 등장하는 '관조적'이라는 단어의 사전적 의미를 아는 것만으로는 국어 문제를 풀 수 없습니다.

 사전 | **관조적** | 고요한 마음으로 사물이나 현상을 관찰하거나 비추어 보는 것.

사전에 있는 '관조적'이란 뜻을 완벽하게 외운다 해도 문제에서 이 단어를 다르게 표현하거나 예시에서 찾아야 한다면 헷갈리게 됩니다. 이 책에서는 구체적인 예시를 통해 '관조적'의 의미를 명확하게 이해하고, 다양한 실전 문제를 통해 그 개념을 완벽하게 숙지하고 활용할 수 있습니다.

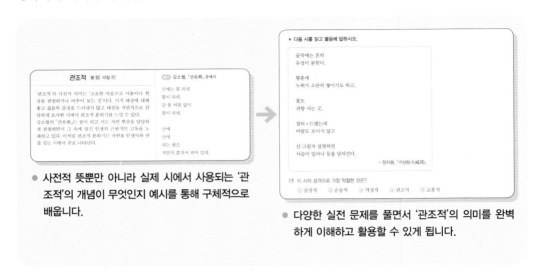

- 사전적 뜻뿐만 아니라 실제 시에서 사용되는 '관조적'의 개념이 무엇인지 예시를 통해 구체적으로 배웁니다.

- 다양한 실전 문제를 풀면서 '관조적'의 의미를 완벽하게 이해하고 활용할 수 있게 됩니다.

STEP 3   교과서 필수 단어로 어휘력 키우기

가장 많은 중학교에서 사용하고 있는 국어 교과서 6종에서 엄선한 필수 단어를 학습하게 됩니다. 단어의 뜻 설명뿐만 아니라 실제 사용되는 예문을 직접 쓰면서 해당 단어를 익힐 수 있습니다.

- 실전 예문을 직접 쓰면서 단어를 더욱 효과적으로 학습할 수 있습니다.

- 확인 문제를 통해 단어를 제대로 학습했는지 알 수 있습니다. 단어의 개념뿐만 아니라 한자의 뜻과 음도 익힐 수 있습니다.

STEP 4 — 사자성어로 어휘력 확장하기

사자성어는 국어 시험뿐만 아니라 일상생활에서도 유용한 배경지식입니다. 이 책에서는 한자들의 뜻을 풀이하면 의미를 알 수 있는 사자성어, 배경 설화를 알아야 이해할 수 있는 사자성어 등을 그 유래에 맞게 설명하고 있어 쉽게 이해하고 오래 기억할 수 있습니다.

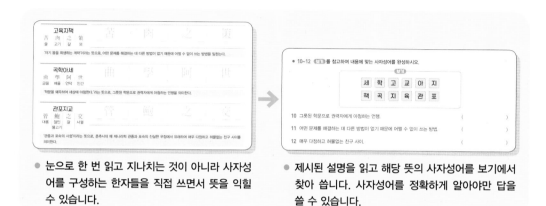

● 눈으로 한 번 읽고 지나치는 것이 아니라 사자성어를 구성하는 한자들을 직접 쓰면서 뜻을 익힐 수 있습니다.

● 제시된 설명을 읽고 해당 뜻의 사자성어를 보기에서 찾아 씁니다. 사자성어를 정확하게 알아야만 답을 쓸 수 있습니다.

STEP 5 — 실전 문제로 어휘력 완성하기

5단계에서는 실전 문제를 통해 앞에서 학습한 내용을 제대로 알고 있는지 확인합니다. 대충 눈치로 찍어서 맞힐 수 있는 수준의 문제가 아니라 관련 내용을 정확하게 알고 있어야만 답을 쓸 수 있는 실전형 문제로 구성되어 있습니다. 잘 모르거나 틀린 문제는 다시 한번 앞에서 공부하고 넘어갈 수 있도록 합니다.

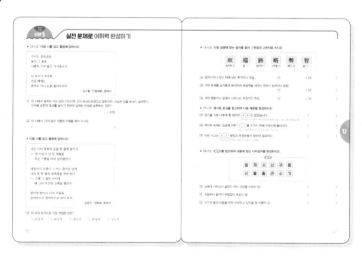

국어 실력 확인 문제

※ **01~04** 다음 설명에 맞는 단어를 쓰시오.

> ┌────────────── 01
> 내를 건너서 숲으로
> 고개를 넘어서 마을로 ─── 02
>
> 어제도 가고 오늘도 갈 ─── 03
> 나의 길 새로운 길 ──── 04
>
>   – 윤동주, 「새로운 길」 중에서

01 시에 쓰인 단어 하나하나. (　　　　)

02 여러 단어로 이루어진 시의 구절. (　　　　)

03 시의 한 줄. (　　　　)

04 시의 몇 줄을 한 단위로 묶는 말. (　　　　)

※ 다음 시를 읽고 물음에 답하시오.

> 매운 계절의 채찍에 갈겨
> 마침내 북방으로 휩쓸려 오다.
>
> 하늘도 그만 지쳐 끝난 고원
> 서릿발 칼날진 그 위에 서다.
>
>   – 이육사, 「절정」 중에서

05 일제 강점기의 냉혹한 현실을 의미하는 시어를 찾아 2어절로 쓰시오.

(　　　　　　)

06 말하는 이가 처한 현실을 수직적인 극한 상황으로 표현한 시어를 찾아 2음절로 쓰시오.

(　　　　　　)

※ **07~10** 다음 설명에 맞는 단어를 **보기**에서 찾아 쓰시오.

> **보기**
>
> 타당성　　실효성　　감수성　　정체성

07 외부의 자극을 느끼는 성질이나 심리적인 능력.

(　　　　　　)

08 사물의 이치에 맞는 옳은 성질. (　　　　)

09 어떤 일의 결과가 실제로 효과를 나타내는 성질.

(　　　　　　)

10 어떤 존재의 변하지 않는 원래의 특성을 깨닫는 성질.

(　　　　　　)

※ **11~13** 다음 설명을 읽고 제시된 초성에 맞는 단어를 쓰시오.

11 서로 이기려고 다투거나 경쟁을 하는 곳.

ㄱ ㅊ ㅈ ☐☐☐

12 무엇인가를 애타게 기다리는 사람을 비유하는 말.

ㅁ ㅂ ㅅ ☐☐☐

13 가축의 사료가 되는 풀이 많이 난 땅.

ㅁ ㅊ ㅈ ☐☐☐

14 세금을 지나치게 많이 거두거나 백성의 재물을 빼앗는 행위를 의미하는 사자성어는?

① 감언이설(甘言利說)　　② 가렴주구(苛斂誅求)
③ 각골난망(刻骨難忘)　　④ 감지덕지(感之德之)

15 어리석고 융통성이 없어서 세상 물정에 어두운 사람을 비유하는 사자성어는?

① 개과천선(改過遷善)　　② 각골난망(刻骨難忘)
③ 가렴주구(苛斂誅求)　　④ 각주구검(刻舟求劍)

시험 빈출 어휘로 국어 개념 잡기

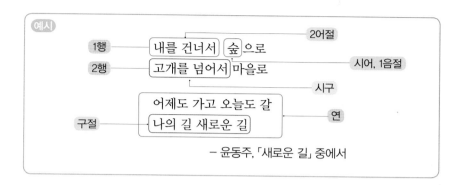

예시

1행 —— 내를 건너서 숲으로 —— 2어절

2행 —— 고개를 넘어서 마을로 —— 시어, 1음절

시구

어제도 가고 오늘도 갈

구절 —— 나의 길 새로운 길 —— 연

– 윤동주, 「새로운 길」 중에서

음절
소리 音 마디 節

한 번에 발음할 수 있는 최소의 소리 단위로, 한 개의 글자를 가리킨다.
• 바람 → 2음절　　• 고양이 → 3음절　　• 은행나무 → 4음절
예 (나)에서 사랑을 의미하는 소재를 찾아 3음절로 쓰시오.

어절
말씀 語 마디 節

문장에서 띄어쓰기가 되어 있는 말의 덩어리.
• 별을∨노래하는∨마음으로 → 3어절　　• 한∨점∨부끄럼이∨없기를 → 4어절
예 풍자적으로 묘사한 부분을 찾아 첫 어절과 끝 어절을 쓰시오.

구절
글귀 句 마디 節

한 도막의 말이나 글. 둘 이상의 단어가 모여 절이나 문장의 일부분을 이루는 도막인 '구(句)', 주어와 서술어를 갖추었으나 독립하여 쓰이지 못하고 다른 문장을 이루는 성분으로 쓰이는 '절(節)'을 아울러 이르는 말이다.
예 (다)에서 고향에 대한 화자의 그리움이 잘 드러난 구절을 찾아 쓰시오.

시어
시 詩 말씀 語

시에 쓰인 단어 하나하나. 시에 있는 말. 시에 쓰인 낱개의 어휘를 가리킨다.
예 정지용의 시 「향수」에서는 '실개천, 얼룩백이 황소, 질화로' 등의 토속적 정감을 주는 시어들을 통해 고향에 대한 그리움을 표현한다.

시구
시 詩 글귀 句

시의 구절. 한 토막의 의미 덩어리로, 2어절 이상의 어구나 문장을 가리킨다.
예 김영랑의 시 「모란이 피기까지는」에서 '찬란한 슬픔의 봄을'이라는 시구는 모란이 져서 슬프지만, 모란이 피는 기쁨이 있기에 기다리겠다는 의지를 역설적으로 표현하고 있다.

행
다닐 行

시의 한 줄(=시행).
예 각운은 각 행의 끝부분에 일정한 음을 반복하는 운율이다.

연
연이을 聯

시에서 1줄 이상을 한 단위로 묶어서 이르는 말. 시에서는 통일된 하나의 생각 단위로 연을 구분하고, 연과 연 사이는 한 줄 띄운다.
예 이 시는 한 연이 2행으로 이루어져 있다.

01

교과서 필수 단어로 어휘력 키우기

각축장
뿔 角 쫓을 逐 마당 場

서로 이기려고 다투거나 경쟁을 하는 곳.

예 실리콘밸리는 첨단 기술의 [ ][ ][ ]이라 할 수 있다.

망부석
바랄 望 지아비 夫 돌 石

멀리 떠난 남편을 기다리던 아내가 죽어서 돌이 됨. 어떤 대상을 애타게 기다리는 사람을 비유할 때 주로 쓰인다.

예 나는 [ ][ ][ ]처럼 우두커니 서서 그녀가 나오기만을 기다렸다.

목초지
칠 牧 풀 草 땅 地

가축의 사료가 되는 풀이 많이 난 땅.

예 대관령에 가면 드넓은 [ ][ ][ ]에서 풀을 뜯는 양 떼를 볼 수 있다.

공익성
공평할 公 더할 益 성품 性

개인의 영리가 아닌 공공의 이익을 목적으로 하는 성질.

예 언론은 사익보다는 [ ][ ][ ]을 추구해야 한다.

감수성
느낄 感 받을 受 성품 性

외부의 자극을 느끼는 성질이나 심리적인 능력.

예 그 화가는 뛰어난 [ ][ ][ ]을 바탕으로 감성적인 그림을 그렸다.

타당성
온당할 妥 마땅 當 성품 性

사물의 이치에 맞는 옳은 성질.

예 토론할 때에는 주장의 [ ][ ][ ]을 입증해야 한다.

실효성
열매 實 본받을 效 성품 性

어떤 일의 결과가 실제로 효과를 나타내는 성질.

예 세금에 관한 현재의 규제들은 [ ][ ][ ]이 별로 없다.

정체성
바를 正 몸 體 성품 性

어떤 존재의 변하지 않는 원래의 특성을 깨닫는 성질.

예 청소년기는 자신의 [ ][ ][ ]을 확립하는 시기이다.

경외심
공경 敬 두려워할 畏 마음 心

어떤 대상을 두려워하며 우러러보는 마음.

예 무한한 대자연 앞에 서면 [ ][ ][ ]이 절로 생긴다.

생동감
날 生 움직일 動 느낄 感

생기 있게 살아 움직이는 듯한 느낌.

예 황소가 그림을 뚫고 나올 것처럼 [ ][ ][ ] 있게 표현되었다.

사자성어로 어휘력 확장하기

※ 한자를 따라 쓰고 뜻과 음을 쓰세요.

가렴주구

苛	斂	誅	求
가혹할	거둘	벨	구할

苛	斂	誅	求
가혹할 가	거둘 렴	벨 주	구할 구

'가혹하게 뺏거나 거둔다.'라는 뜻으로 세금을 지나치게 많이 거두거나 백성의 재물을 빼앗는 행위를 의미한다. 비슷한 고사성어로는 '가혹한 정치는 호랑이보다 무섭다.'라는 뜻의 '가정맹어호(苛政猛於虎)'가 있다.

각골난망

刻	骨	難	忘
새길	뼈	어려울	잊을

刻	骨	難	忘

'뼛속에 새겨 잊지 않는다.'라는 뜻으로, 입은 은혜에 대한 고마운 마음이 뼛속까지 사무쳐 잊을 수 없음을 의미한다.

각주구검

刻	舟	求	劍
새길	배	구할	칼

刻	舟	求	劍

'배에 표시를 새겨 칼을 찾는다.'라는 뜻으로, 어리석고 융통성이 없어서 세상 물정에 어두운 사람을 비유하는 말로 쓰인다. 어떤 사람이 강한복판에서 실수로 칼을 빠뜨리자, 빠진 부분을 배에 표시했다. 육지에 도착한 후 칼을 찾기 위해 표시한 배 주변 물속으로 뛰어들었다는 이야기에서 유래한다.

감언이설

甘	言	利	說
달	말씀	이로울	말씀

甘	言	利	說

'달콤한 말과 이로운 이야기'라는 뜻으로, 상대방을 현혹시키기 위해 달콤하고 이득이 될 만한 말로 속이는 상황에서 쓰인다.

감지덕지

感	之	德	之
느낄	갈	클	갈

感	之	德	之

'감사하게 여기고 덕으로 여긴다.'라는 뜻으로, 과분하게 생각하고 아주 고맙게 여기는 것을 의미한다.

개과천선

改	過	遷	善
고칠	지날	옮길	착할

改	過	遷	善

'지난날의 잘못을 고쳐 착하게 바뀌다.'라는 뜻으로, 과거의 잘못을 반성하고 착한 사람으로 거듭났음을 의미한다.

실전 문제로 어휘력 완성하기

● **01~05** 다음 시를 읽고 물음에 답하시오.

내 고장 칠월은
청포도가 익어 가는 시절.

이 마을 전설이 주저리주저리 열리고,
먼 데 하늘이 꿈꾸며 알알이 들어와 박혀,

하늘 밑 푸른 바다가 가슴을 열고
흰 돛단배가 곱게 밀려서 오면,

내가 바라는 손님은 고달픈 몸으로
청포를 입고 찾아온다고 했으니,

내 그를 맞아 이 포도를 따 먹으면,
두 손은 함뿍 적셔도 좋으련.

아이야, 우리 식탁엔 은쟁반에
하이얀 모시 수건을 마련해 두렴.

― 이육사, 「청포도」

01 4연에서 조국의 광복을 상징하는 시어를 찾아 2음절로 쓰시오.

(   )

02 '흰 돛단배'와 선명한 색채 대비를 이루는 구절을 찾아 2어절로 쓰시오.

(   )

03 4연 2행의 첫 시어를 2음절로 쓰시오.

(   )

04 6연에서 순수하고 순결한 민족의 모습을 상징하는 구절을 찾아 3어절로 쓰시오.

(   )

● 05~07 다음 설명에 맞는 글자를 골라 ①한글과 ②한자로 쓰시오.

05 서로 이기려고 다투거나 경쟁을 하는 곳. (①), (②)

06 주로 무엇인가를 애타게 기다리는 사람을 비유하는 말. (①), (②)

07 가축의 사료가 되는 풀이 많이 난 땅. (①), (②)

● 08~10 제시된 초성을 참고하여 다음 예문을 완성하시오.

08 청소년의 인터넷 사용을 제한하는 정책의 [ㅅ|ㅎ|ㅅ]에 의문이 제기되고 있다. ( )
　　　　　　　　　　　　　　　　어떤 일의 결과가 실제로 효과를 나타내는 성질.

09 그는 [ㄱ|ㅅ|ㅅ]이 풍부해서 드라마를 보다가도 종종 눈물을 흘린다. ( )
　외부의 자극을 느끼는 성질이나 심리적인 능력.

10 외래문화의 범람 속에서도 민족 문화의 [ㅈ|ㅊ|ㅅ]을 지켜야 한다. ( )
　　　　　　　　　　　　어떤 존재의 변하지 않는 원래의 특성을 깨닫는 성질.

●11~13 보기 를 참고하여 내용에 맞는 사자성어를 완성하시오.

보기

11 세금을 지나치게 많이 거두거나 백성의 재물을 빼앗는 행위. ( )

12 어리석고 융통성이 없어서 세상 물정에 어두운 사람을 비유하는 말. ( )

13 남을 속이기 위하여 비위를 맞추거나 상황이 이로운 것처럼 꾸미는 말. ( )

국어 실력 확인 문제

※ 다음 시를 읽고 물음에 답하시오.

> 들길은 마을에 들자 붉어지고
> 마을 골목은 들로 내려서자 푸르러졌다.
> 바람은 넘실 천 이랑 만 이랑
> 이랑 이랑 햇빛이 갈라지고
> 보리도 허리통이 부끄럽게 드러났다.
> 꾀꼬리는 여태 혼자 날아 볼 줄 모르나니
>
> – 김영랑, 「오월」 중에서

01 이 시에서 두드러지게 나타나는 성격은?

① 감상적　　　　② 감각적
③ 고백적　　　　④ 격정적

※ 다음 시를 읽고 물음에 답하시오.

> 「마돈나」 뉘우침과 두려움의 외나무다리 건너
> 있는 내 침실 열 이도 없으니!
> 아, 바람이 불도다. 그와 같이 가볍게 오려무나.
> 나의 아씨여. 네가 오느냐?
>
> 「마돈나」 가엾어라. 나는 미치고 말았는가. 없는
> 소리를 내 귀가 들음은―
> 내 몸에 파란 피―가슴의 샘이 말라 버린 듯
> 마음과 목이 타려는도다.
>
> – 이상화, 「나의 침실로」 중에서

02 밑줄 친 부분에 드러난 시의 성격은?

① 감각적　　　　② 감상적
③ 관조적　　　　④ 구도적

※ **03~06** 다음 설명에 맞는 단어를 보기 에서 찾아
쓰시오.

보기
통찰력　　호소력　　분별력　　변별력

03 옳고 그름을 판단하여 바른 생각을 하는 능력.

(　　　　　　　)

04 사물의 본질을 환히 꿰뚫어 보는 능력.

(　　　　　　　)

05 강한 인상을 주어 마음을 사로잡을 수 있는 힘.

(　　　　　　　)

06 같고 다름을 나누어 가릴 수 있는 능력.

(　　　　　　　)

※ **07~09** 다음 설명을 읽고 제시된 초성에 맞는 단어를
쓰시오.

07 권리나 자격 등 당연히 자신에게 있어야 할 어떤
것을 빼앗긴 듯한 느낌.

ㅂ ㅌ ㄱ ☐ ☐ ☐

08 서로 밀접하게 연결되어 있는 공통된 느낌.

ㅇ ㄷ ㄱ ☐ ☐ ☐

09 성질이 서로 달라 낯설거나 잘 맞지 않는 느낌.

ㅇ ㅈ ㄱ ☐ ☐ ☐

10 대단히 사이가 나쁜 관계를 의미하는 사자성어는?

① 거두절미(去頭截尾)　　② 결초보은(結草報恩)
③ 견원지간(犬猿之間)　　④ 결자해지(結者解之)

11 자기가 저지른 일은 스스로 해결해야 한다는 뜻의
사자성어는?

① 견물생심(見物生心)　　② 결초보은(結草報恩)
③ 견원지간(犬猿之間)　　④ 결자해지(結者解之)

시험 빈출 어휘로 국어 개념 잡기

감각적 느낄 感 깨달을 覺

시를 읽을 때 시각, 청각, 촉각, 미각, 후각 등이 자극되며 관련 이미지를 불러일으키는 시를 감각적이라고 표현한다. 시를 읽을 때 표현된 감각들을 떠올리며 읽어야 제대로 감상할 수 있다.

예시 김영랑, 「오월」 중에서

들길은 마을에 들자 붉어지고
마을 골목은 들로 내려서자 푸르러졌다.
바람은 넘실 천 이랑 만 이랑
이랑 이랑 햇빛이 갈라지고
보리도 허리통이 부끄럽게 드러났다.
꾀꼬리는 여태 혼자 날아 볼 줄 모르나니

감상적 느낄 感 다칠 傷

감정에 휩쓸린다는 뜻으로, 지나치게 슬퍼하거나 기뻐한다는 의미이다. 전체 흐름에 맞지 않는 주관적인 감정이 주를 이루는 시를 '감상적'이라고 평가한다.

예시 이상화, 「나의 침실로」 중에서

「마돈나」 가엾어라. 나는 미치고 말았는가. 없는 소리를 내 귀가 들음은—
내 몸에 파란 피—가슴의 샘이 말라 버린 듯 마음과 목이 타려는도다.

격정적 격할 激 뜻 情

감정이 강렬하고 갑작스러워 누르기 어려운 것을 말한다. 김소월의 「초혼」은 '이름이여!'라는 영탄적 표현이 절규하듯 반복되면서 격정적 어조를 드러낸다.

예시 김소월, 「초혼」 중에서

산산히 부서진 이름이여!
허공 중에 헤어진 이름이여!
불러도 주인 없는 이름이여!
부르다가 내가 죽을 이름이여!

고백적 고할 告 흰 白

마음속의 생각이나 숨긴 사실을 말하는 것. 시적 화자가 자신의 내면을 말하는 방식으로 표현하는 시에서 드러난다.

예시 한용운, 「예술가」 중에서

나는 서투른 화가여요.
잠 아니 오는 잠자리에 누워서 손가락을 가슴에 대고 당신의 코와 입과 두 볼에 샘 파지는 것까지 그렸습니다.
그러나 언제든지 작은 웃음이 떠도는 당신의 눈자위는 그리다가 백 번이나 지웠습니다.

교과서 필수 단어로 어휘력 키우기

무력감 없을 無 힘 力 느낄 感	스스로 힘이 없음을 알게 되어 드는 허탈하고 맥 빠진 듯한 느낌. 예 그는 계속되는 실수와 실패로 ☐☐☐ 을 느꼈다.
박탈감 벗길 剝 빼앗을 奪 느낄 感	권리나 자격 등 당연히 자신에게 있어야 할 어떤 것을 빼앗긴 듯한 느낌. 예 빈부 격차로 인한 소외 계층의 상대적 ☐☐☐ 은 점점 커지고 있다.
유대감 맺을 紐 띠 帶 느낄 感	서로 밀접하게 연결되어 있는 공통된 느낌. 예 힘든 과정을 함께한 동료와 끈끈한 ☐☐☐ 이 생겼다.
혐오감 싫어할 嫌 미워할 惡 느낄 感	병적으로 싫어하고 미워하는 감정. 예 눈알 모양의 젤리처럼 ☐☐☐ 을 주는 식품은 금지해야 한다.
이질감 다를 異 바탕 質 느낄 感	성질이 서로 달라 낯설거나 잘 맞지 않는 느낌. 예 갈색 빵들 사이에 있는 보라색 빵에서 ☐☐☐ 이 느껴졌다.
분별력 나눌 分 나눌 別 힘 力	옳고 그름을 판단하여 바른 생각을 하는 능력. 예 엄청난 횡재라는 말에 ☐☐☐ 을 잃고 전 재산을 투자했다.
통찰력 밝을 洞 살필 察 힘 力	사물의 본질을 환히 꿰뚫어 보는 능력. 예 작가에게는 세상에 대한 깊은 ☐☐☐ 이 필요하다.
무기력 없을 無 기운 氣 힘 力	어떠한 것을 하려는 의욕이나 활력이 없음. 예 거듭된 실패는 그를 ☐☐☐ 에 빠뜨렸다.
호소력 부를 呼 호소할 訴 힘 力	강한 인상을 주어 마음을 사로잡을 수 있는 힘. 예 그의 연설은 강한 ☐☐☐ 으로 청중을 사로잡았다.
변별력 분별할 辨 나눌 別 힘 力	같고 다름을 가리는 능력. 시험에서는 응시자들의 실력을 효과적으로 가려낼 수 있는 능력을 말한다. 예 이번 시험은 ☐☐☐ 을 주기 위해 어렵게 출제되었다.

사자성어로 어휘력 확장하기

※ 한자를 따라 쓰고 뜻과 음을 쓰세요.

거두절미

去	頭	截	尾
갈	머리	끊을	꼬리

去	頭	截	尾
갈 거	머리 두	끊을 절	꼬리 미

'머리와 꼬리를 잘라 버린다.'라는 뜻으로, 앞과 뒤의 군더더기를 빼고 어떤 일의 핵심만 간단히 말하는 것을 의미한다.

견물생심

見	物	生	心
볼	물건	날	마음

見	物	生	心

'물건을 보면 가지고 싶은 마음이 생긴다.'라는 뜻으로, 좋은 물건을 보면 누구나 그것을 가지고 싶은 욕심이 생김을 의미한다.

견원지간

犬	猿	之	間
개	원숭이	갈	사이

犬	猿	之	間

'개와 원숭이의 사이'라는 뜻으로, 서로 좋지 않은 관계를 비유할 때 쓰인다. 비슷한 고사성어로는 '개와 고양이 사이'라는 뜻의 '견묘지간(犬猫之間)'이 있다.

결자해지

結	者	解	之
맺을	놈	풀	갈

結	者	解	之

'일을 맺은 사람이 풀어야 한다.'라는 뜻으로, 자기가 저지른 일은 스스로 해결해야 함을 의미한다.

결초보은

結	草	報	恩
맺을	풀	갚을	은혜

結	草	報	恩

'풀을 묶어서 은혜를 갚는다.'라는 뜻으로, 은혜를 잊지 않고 갚음을 의미한다. 진나라의 대부 위무는 '첩을 개가시키라'는 유언을 남겼다가, 병세가 위독해지자 '순장하라'고 말을 바꾸었다. 이에 아들 위과는 정신이 온전할 때의 유언을 좇아 아버지의 첩을 개가시켰다. 이후 전쟁에서 여인의 아버지 혼령이 풀을 매어 놓아 적이 걸려 넘어지게 함으로써 위과가 큰 공을 세울 수 있도록 도왔다는 고사에서 유래했다.

경거망동

輕	擧	妄	動
가벼울	들	망령될	움직일

輕	擧	妄	動

'행동이 가볍고 정상적인 상태에서 벗어나 있다.'라는 뜻으로, 일의 전후 사정을 따지지 않고 조심성 없이 행동하는 것을 의미한다.

실전 문제로 어휘력 완성하기

● **01~02** 다음 시를 읽고 물음에 답하시오.

> 그날이 오면, 그날이 오면은
> 삼각산(三角山)이 일어나 더덩실 춤이라도 추고,
> 한강(漢江)물이 뒤집혀 용솟음칠 그날이
> 이 목숨이 끊기기 전에 와 주기만 할 양이면,
> 나는 밤하늘에 날으는 까마귀와 같이
> 종로(鍾路)의 인경(人磬)을 머리로 들이받아 울리오리다.
> 두개골(頭蓋骨)은 깨어져 산산조각이 나도
> 기뻐서 죽사오매 오히려 무슨 한(恨)이 남으오리까.
>
> – 심훈, 「그날이 오면」 중에서

01 이 시의 성격으로 가장 적절한 것은?

① 감정적   ② 순응적   ③ 격정적   ④ 감상적   ⑤ 고백적

02 보기 중 이 시에 대해 옳은 말을 하고 있는 사람끼리 묶은 것은?

보기

> 효영 : 차분한 어조로 시가 전개되고 있어.
> 태현 : 과격한 표현으로 말하는 이의 염원을 강조하고 있어.
> 지수 : 소망이 이루어지지 않을 것에 대한 체념적인 태도가 느껴져.
> 도현 : 말하는 이의 비장함이 느껴져.

① 효영, 태현   ② 태현, 도현   ③ 효영, 지수   ④ 태현, 지수   ⑤ 지수, 도현

● 다음 시를 읽고 물음에 답하시오.

> 꽃가루와 같이 부드러운 고양이의 털에
> 고운 봄의 향기가 어리우도다.
>
> 금방울과 같이 호동그란 고양이의 눈에
> 미친 봄의 불길이 흐르도다.
>
> – 이장희, 「봄은 고양이로다」 중에서

03 이 시의 성격으로 가장 적절한 것은?

① 감정적   ② 감상적   ③ 감각적   ④ 격정적   ⑤ 고백적

● 04~06 다음 설명에 맞는 글자를 골라 ①한글과 ②한자로 쓰시오.

帶	異	紐	別	感
띠 대	다를 이	맺을 유	나눌 별	느낄 감

質	感	力	分
바탕 질	느낄 감	힘 력	나눌 분

04 옳고 그름을 판단하여 바른 생각을 하는 능력.   (①   ), (②   )

05 서로 밀접하게 연결되어 있는 공통된 느낌.   (①   ), (②   )

06 성질이 서로 달라 낯설거나 잘 맞지 않는 느낌.   (①   ), (②   )

● 07~09 제시된 초성을 참고하여 다음 예문을 완성하시오.

07 이번 국어 시험은 너무 쉬워 ㅂ ㅂ ㄹ 이 없었다.   (   )
　　　　　　　　　　　　　　　같고 다름을 나누어 가릴 수 있는 능력.

08 그녀는 사회 전반에 대한 ㅌ ㅊ ㄹ 이 부족하다.   (   )
　　　　　　　　　　　　　　사물의 본질을 환히 꿰뚫어 보는 능력.

09 그 가수는 ㅎ ㅅ ㄹ 이 짙은 목소리로 많은 사랑을 받았다.   (   )
　　　　　　강한 인상을 주어 마음을 사로잡을 수 있는 힘.

●10~12 보기 를 참고하여 내용에 맞는 사자성어를 완성하시오.

보기

생	망	결	견	해	지
경	심	동	물	자	거

10 물건을 보면 가지고 싶은 마음이 생긴다는 뜻.   (   )

11 자기가 저지른 일은 스스로 해결해야 한다는 뜻.   (   )

12 일의 전후 사정을 따지지 않고 조심성 없이 행동하는 것.   (   )

국어 실력 확인 문제

제1차시

※ **01~04** 다음 설명에 맞는 단어를 **보기** 에서 찾아 쓰시오.

보기

음운   율격   음보   운율

01 시를 읽을 때 느껴지는 말의 가락으로, 시의 음악성을 형성하는 것. (   )

02 말의 뜻을 구별해 주는 소리의 가장 작은 단위로 자음과 모음을 의미함. (   )

03 시를 읽을 때 의미와 느낌을 살리며 읽기 위해 끊어서 읽는 단위. (   )

04 정형적인 구조를 갖춘 시에서 반복적으로 보이는 언어의 리듬. (   )

※ **다음 시를 읽고 물음에 답하시오.**

내 고장 칠월은
청포도가 익어 가는 시절

이 마을 전설이 주저리주저리 열리고
먼 데 하늘이 꿈꾸며 알알이 들어와 박혀

– 이육사, 「청포도」 중에서

05 풍요로운 고향의 모습을 청포도와 연결 지어 표현한 음성 상징어를 찾아 쓰시오. (   )

※ **06~09** 다음 설명에 맞는 단어를 **보기** 에서 찾아 쓰시오.

보기

선각자   노무자   이주민   조력자

06 육체노동을 하여 돈을 받고 살아가는 사람. (   )

07 다른 지역으로 옮겨가서 사는 사람. (   )

08 남보다 먼저 사물이나 세상일을 깨달은 사람. (   )

09 힘을 써 도와주는 사람. (   )

※ **10~13** 다음 설명을 읽고 제시된 초성에 맞는 단어를 쓰시오.

10 다른 나라에서 일정 기간 동안 머물러 있는 사람.

ㅊㄹㅈ [ ][ ][ ]

11 지혜와 재주가 썩 뛰어난 사람.

ㄱㄹㅇ [ ][ ][ ]

12 장래의 발전을 기대할 만한 인물.

ㄱㄷㅈ [ ][ ][ ]

13 생각과 마음이 좁고 간사한 사람들이나 그 무리.

ㅅㅇㅂ [ ][ ][ ]

14 어떤 문제를 해결하는 데 다른 방법이 없어서 나쁘지만 어쩔 수 없이 쓰는 방법을 의미하는 사자성어는?

① 고군분투(孤軍奮鬪) ② 고육지책(苦肉之策)
③ 고진감래(苦盡甘來) ④ 관포지교(管鮑之交)

15 그릇된 학문으로 권력자에게 아첨하는 언행을 뜻하는 사자성어는?

① 관포지교(管鮑之交) ② 고군분투(孤軍奮鬪)
③ 곡학아세(曲學阿世) ④ 과유불급(過猶不及)

시험 빈출 어휘로 국어 개념 잡기

운율
운 韻 법칙 律
	시를 읽을 때 느껴지는 말의 가락으로, 같거나 비슷한 낱말 및 구절, 문장 구조 등을 반복하여 시의 음악성을 형성한다. 운율 형성 요소와 관련된 문제가 자주 출제되므로 시에서 어떤 부분이 반복되어 운율이 느껴지는지를 확인한다.
	
	예 • 대상을 반복해 부름으로써 운율을 조성하고 있다.
	  • 유사한 문장 구조를 반복하여 운율을 조성하고 있다.
	  • 특정 음운의 반복을 통해 운율을 조성하고 있다.
	  • 동일한 시어를 반복하여 운율을 조성하고 있다.

음운 소리 音 운 韻	말의 뜻을 구별해 주는 소리의 가장 작은 단위. 자음(ㄱ, ㄴ, ㄷ, …)과 모음(ㅏ, ㅓ, ㅗ, …)을 의미한다. 예 김소월의 「길」 중에서 갈래갈래 갈린 길 / 길이라도 ➡ 음운 'ㄱ'의 반복으로 운율 형성

음보
소리 音 걸음 步

시를 읽을 때는 한 번에 읽지 않고 의미와 느낌을 살리며 읽기 위해 끊어서 읽어야 한다. 음보는 띄어쓰기의 단위가 아니라 끊어 읽는 단위로, 운율을 이루는 기본 단위이다. 1행을 3도막으로 끊어 읽으면 '3음보', 4도막으로 끊어 읽으면 '4음보'라 한다.

예 3음보 – 김소월의 「진달래꽃」 중에서

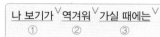

나 보기가 ∨ 역겨워 ∨ 가실 때에는 ∨
①   ②   ③

죽어도 ∨ 아니 눈물 ∨ 흘리오리다. ∨
①   ②   ③

예 4음보 – 정몽주의 시조 「단심가」 중에서

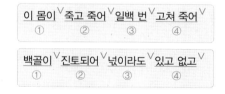

이 몸이 ∨ 죽고 죽어 ∨ 일백 번 ∨ 고쳐 죽어 ∨
①   ②   ③   ④

백골이 ∨ 진토되어 ∨ 넋이라도 ∨ 있고 없고 ∨
①   ②   ③   ④

율격
법칙 律 격식 格

정형적인 구조를 갖춘 시에서 두드러지게 나타나는 연속적이거나 반복적인 언어의 리듬을 말한다. 율격은 음의 높낮이, 길이, 강약 등을 규칙적으로 반복함으로써 리듬을 형성한다.

예 〈아리랑〉과 같은 민요의 율격은 3음보인데, 김소월의 「진달래꽃」도 3음보이므로 '민요적 율격'이라고 한다.

음성 상징어

소리를 흉내 내는 말인 '의성어'와 모양을 흉내 내는 말인 '의태어'를 함께 일컫는 말이다. 음성 상징어를 활용하면 사실적이고 생동감 있게 표현할 수 있다.

• 의성어(비길 擬 소리 聲 말씀 語): 사람이나 사물의 소리를 흉내 낸 말.
　　– 퍼덕퍼덕　　– 사각사각　　– 퐁당퐁당　　– 또각또각

　　예 김소월의 「접동새」에서 '접동, 접동'은 접동새의 울음소리를 나타내는 음성 상징어이다.

• 의태어(비길 擬 모습 態 말씀 語): 사람이나 사물의 모양이나 움직임을 흉내 낸 말.
　　– 한들한들　　– 나풀나풀　　– 다닥다닥　　– 번쩍번쩍

　　예 이육사의 「청포도」 중에서

　　이 마을 전설이 주저리주저리 열리고 / 먼 데 하늘이 꿈꾸며 알알이 들어와 박혀

교과서 필수 단어로 어휘력 키우기

노무자
일할 勞 힘쓸 務 놈 者

육체노동을 하여 돈을 받고 살아가는 사람.

예 대부분의 일용 [ ][ ] 들은 하루 벌어 하루 먹는다.

이주민
옮길 移 살 住 백성 民

다른 지역으로 옮겨가서 사는 사람.

예 이곳에 정착한 [ ][ ] 들은 황무지를 개간하기 시작했다.

체류자
막힐 滯 머무를 留 놈 者

다른 나라에서 일정 기간 동안 머물러 있는 사람.

예 법에 따라 불법 [ ][ ] 들은 본국으로 추방당할 수 있다.

선각자
먼저 先 깨달을 覺 놈 者

사물이나 세상일을 남보다 먼저 깨달은 사람.

예 김구 선생은 백 년을 앞선 민족 교육의 [ ][ ] 였다.

조력자
도울 助 힘 力 놈 者

힘을 써 도와주는 사람.

예 이 일이 성공하려면 믿을 만한 [ ][ ] 가 필요하다.

극빈자
극진할 極 가난할 貧 놈 者

몹시 가난한 사람.

예 정부에서 [ ][ ] 에게 생활비를 보조해 주었다.

기린아
기린 麒 기린 麟 아이 兒

지혜와 재주가 썩 뛰어난 사람.

예 그 선수는 어릴 때부터 축구계의 [ ][ ] 로 관심을 받았다.

당사자
마땅 當 일 事 놈 者

어떤 일이나 사건에 직접 관계가 있거나 관계한 사람.

예 모임에 참가한 [ ][ ] 에게 직접 물어봐야 한다.

기대주
기약할 期 기다릴 待 그루 株

장래의 발전을 기대할 만한 인물.

예 그는 이번 대회를 통하여 금메달의 [ ][ ] 로 떠올랐다.

소인배
작을 小 사람 人 무리 輩

마음 씀씀이가 좁고 간사한 사람들이나 그 무리.

예 권력만을 탐하는 정치인은 [ ][ ] 에 지나지 않는다.

사자성어로 어휘력 확장하기

※ 한자를 따라 쓰고 뜻과 음을 쓰세요.

고군분투

孤	軍	奮	鬪
외로울	군사	떨칠	싸울

孤	軍	奮	鬪
외로울 고	군사 군	떨칠 분	싸울 투

'외로운 군력(軍力)으로 분발하여 싸운다.'라는 뜻으로, 운동 경기나 싸움에서 혼자서 많은 수의 적을 상대하여 힘들게 싸우는 것을 의미한다. 다른 사람의 도움을 받지 않고 혼자 또는 적은 인원으로 힘든 일을 하는 경우에 쓰인다.

고육지책

苦	肉	之	策
쓸	고기	갈	꾀

苦	肉	之	策

'자기 몸을 희생하는 계략'이라는 뜻으로, 어떤 문제를 해결하는 데 다른 방법이 없기 때문에 어쩔 수 없이 쓰는 방법을 일컫는다.

고진감래

苦	盡	甘	來
쓸	다할	달	올

苦	盡	甘	來

'쓴 것이 다하면 단것이 온다.'라는 뜻으로, 오래 고생한 끝에 즐거움이 찾아온다는 의미이다.

곡학아세

曲	學	阿	世
굽을	배울	언덕	인간

曲	學	阿	世

'학문을 왜곡하여 세상에 아첨한다.'라는 뜻으로, 그릇된 학문으로 권력자에게 아첨하는 언행을 의미한다.

과유불급

過	猶	不	及
지날	오히려	아닐	미칠

過	猶	不	及

'지나치면 오히려 미치지 않는 것만 못하다.'라는 뜻으로, 세상 모든 일에 있어서 정도를 지나치면 모자란 것보다 좋지 않다는 의미이다.

관포지교

管	鮑	之	交
대롱	절인물고기	갈	사귈

管	鮑	之	交

'관중과 포숙의 사귐'이라는 뜻으로, 춘추시대 때 제나라의 관중과 포숙의 진실한 우정에서 유래하여 매우 다정하고 허물없는 친구 사이를 의미한다.

실전 문제로 어휘력 완성하기

● **01~03** 다음 시를 읽고 물음에 답하시오.

> 먼 훗날 당신이 찾으시면
> 그때에 내 말이 "잊었노라."
>
> 당신이 속으로 나무라면
> "무척 그리다가 잊었노라."
>
> – 김소월, 「먼 후일」 중에서

01 운율에 대한 설명으로 알맞지 않은 것은?

① 시의 호흡을 부드럽게 해 준다.
② 시를 읽을 때 느껴지는 말의 가락이다.
③ 시의 정서와 분위기를 형성하는 데 관계가 없다.
④ 같은 소리나 낱말, 문장 구조를 반복할 때 생겨난다.
⑤ 시가 노랫말로 불리는 경우가 많은 것은 운율 때문이다.

02 이 시의 운율 형성 요소를 **보기** 에서 모두 고른 것은?

> **보기**
>
> ㉠ 4·4조의 글자수　　　　㉡ 의성어, 의태어 사용
> ㉢ 3음보로 끊어 읽기　　　㉣ 같은 문장 구조의 반복

① ㉠㉡　　② ㉢㉣　　③ ㉠㉣　　④ ㉡㉣　　⑤ ㉡㉢

03 이 시의 의미와 느낌을 살리면서 알맞게 끊어 읽은 것은?

① 먼∨훗날∨당신이∨찾으시면
　그때에∨내 말이∨"잊었노라."

② 당신이∨속으로 나무라면
　"무척 그리다가∨잊었노라."

③ 그래도∨당신이∨나무라면
　"믿기지∨않아서∨잊었노라."

④ 먼∨훗날∨당신이 찾으시면
　그때에∨내 말이∨"잊었노라."

⑤ 오늘도∨어제도∨아니∨잊고
　먼∨훗날∨그때에∨"잊었노라."

● 04~06 다음 설명에 맞는 글자를 골라 ①한글과 ②한자로 쓰시오.

04 사물이나 세상일을 남보다 먼저 깨달은 사람.　　　　　　(① 　　　　　　), (② 　　　　　　)

05 힘을 써 도와주는 사람.　　　　　　　　　　　　　　　(① 　　　　　　), (② 　　　　　　)

06 마음 씀씀이가 좁고 간사한 사람들이나 그 무리.　　　　(① 　　　　　　), (② 　　　　　　)

● 07~09 제시된 초성을 참고하여 다음 예문을 완성하시오.

07 법적으로 규정된 ㄴ ㅁ ㅈ 의 권리는 보호되어야 마땅하다.　　　(　　　　　　)
　　　　　　　　육체노동을 하여 돈을 받고 살아가는 사람.

08 정부는 ㄱ ㅂ ㅈ 에게 최저 생계비를 지급해야 한다.　　　　　　(　　　　　　)
　　　　　　몹시 가난한 사람.

09 그녀는 고등학생 때부터 문단의 ㄱ ㄹ ㅇ 로 평가를 받았다.　　　(　　　　　　)
　　　　　　　　　　　지혜와 재주가 썩 뛰어난 사람.

● 10~12 보기 를 참고하여 내용에 맞는 사자성어를 완성하시오.

10 그릇된 학문으로 권력자에게 아첨하는 언행.　　　　　　　　　(　　　　　　)

11 어떤 문제를 해결하는 데 다른 방법이 없기 때문에 어쩔 수 없이 쓰는 방법.　(　　　　　　)

12 매우 다정하고 허물없는 친구 사이.　　　　　　　　　　　　　(　　　　　　)

제1차시 국어 실력 확인 문제

※ 다음 시를 읽고 물음에 답하시오.

> 산에는 꽃 피네.
> 꽃이 피네.
> 갈 봄 여름 없이
> 꽃이 피네.
>
> 산에
> 산에
> 피는 꽃은
> 저만치 혼자서 피어 있네.
>
> — 김소월, 「산유화」 중에서

01 이 시에서 두드러지게 나타나는 성격은?

① 감상적   ② 관념적
③ 관조적   ④ 교훈적

※ 다음 시를 읽고 물음에 답하시오.

> 바다에서 솟아올라 나래 떠는 금성,
> 쪽빛 하늘에 흰 꽃을 달은 고산식물,
> 나의 가지에 머물지 않고,
> 나의 나라에서도 멀다.
>
> — 정지용, 「그의 반」 중에서

02 이 시에서 두드러지게 나타나는 성격은?

① 감각적   ② 관념적
③ 관조적   ④ 교훈적

※ 03~06 다음 설명에 맞는 단어를 보기 에서 찾아 쓰시오.

> **보기**
>
> 부산물   갈무리   불모지   미봉책

03 어떤 일을 할 때에 부수적으로 생기는 일이나 현상 또는 물건을 뜻함.   (   )

04 근본적인 해결책 없이 일시적으로 눈가림을 하려는 대책.   (   )

05 무엇을 잘 정리하여 보관함. 일을 잘 처리하여 끝냄.   (   )

06 아무런 개발이나 발전이 되지 않은 곳.   (   )

※ 07~09 다음 설명을 읽고 제시된 초성에 맞는 단어를 쓰시오.

07 자기의 처지나 신세를 하소연하며 길게 늘어놓는 말.

ㄴ ㄷ ㄹ [   ][   ][   ]

08 스스로를 떳떳하고 자랑스럽게 여기는 마음.

ㅈ ㄱ ㅅ [   ][   ][   ]

09 자신이 한 일에 대해 생색내며 스스로 자랑함.

ㄱ ㅊ ㅅ [   ][   ][   ]

10 남의 학식이나 재주가 놀랄 만큼 부쩍 성장했음을 뜻하는 사자성어는?

① 괄목상대(刮目相對)   ② 교언영색(巧言令色)
③ 권모술수(權謀術數)   ④ 권선징악(勸善懲惡)

11 남에게 잘 보이려고 그럴듯하게 꾸며 대는 말과 알랑거리는 태도를 뜻하는 사자성어는?

① 권선징악(勸善懲惡)   ② 궁여지책(窮餘之策)
③ 권모술수(權謀術數)   ④ 교언영색(巧言令色)

시험 빈출 어휘로 국어 개념 잡기

고전적 옛古 법典

옛날의 의식이나 법식을 따르는 것을 의미한다. 전통적이며 예스러운 분위기의 시를 말한다.

예시 김소월, 「접동새」 중에서

옛날, 우리나라
먼 뒤쪽의
진두강 가람 가에 살던 누나는
의붓어미 시샘에 죽었습니다.

관념적 볼觀 생각念

'관념'이란 현실과 거리가 있는 추상적이고 이론적인 생각을 말한다. 사랑, 우정, 절개, 충(忠), 효(孝) 등과 같이 눈으로 볼 수 없는 추상적인 것을 표현하는 시를 '관념적'이라고 한다.

예시 정지용, 「그의 반」 중에서

바다에서 솟아올라 나래 떠는 금성,
쪽빛 하늘에 흰 꽃을 달은 고산식물,
나의 가지에 머물지 않고,
나의 나라에서도 멀다.

관조적 볼觀 비칠照

'관조적'의 사전적 의미는 '고요한 마음으로 사물이나 현상을 관찰하거나 비추어 보는 것'이다. 시적 대상에 대해 좋고 싫음의 감정을 드러내지 않고 대상을 객관적으로 담담하게 묘사한 시에서 관조적 분위기를 느낄 수 있다.

김소월의 「산유화」는 꽃이 피고 지는 자연 현상을 담담하게 관찰하면서 그 속에 담긴 인생의 근원적인 고독을 노래하고 있다. 이처럼 관조적 분위기는 자연을 인생사와 연결 짓는 시에서 주로 나타난다.

예시 김소월, 「산유화」 중에서

산에는 꽃 피네
꽃이 피네.
갈 봄 여름 없이
꽃이 피네.

산에
산에
피는 꽃은
저만치 혼자서 피어 있네.

교훈적 가르칠敎 가르칠訓

행동이나 생활에 도움이 되는 가르침이 될 만한 것이 있는 경우이다. 주세붕의 「오륜가」는 '부자유친', '군신유의' 등의 유교적 이념이 강하게 드러나 있어 교훈적인 성격을 띠는 고전 시가이다.

예시 주세붕, 「오륜가」 중에서

아버님 날 낳으시고 어머님 날 기르시니
부모 아니시면 내 몸이 없었을 것이다.
이 덕을 갚으려 하니 하늘같이 끝이 없다.

교과서 필수 단어로 어휘력 키우기

고차원 높을 高 버금 次 으뜸 元	뛰어나고 높은 수준. 예 그 영화는 ⬚⬚⬚ 의 주제를 다루어서 이해하기 어려웠다.
부산물 버금 副 낳을 産 물건 物	어떤 일을 할 때에 부수적으로 생기는 일이나 현상(물건). 예 공업화의 ⬚⬚⬚ 로 환경 문제가 심각해지고 있다.
미봉책 미륵 彌 꿰맬 縫 꾀 策	근본적인 해결책 없이 일시적으로 눈가림을 하려는 대책. 예 일시적인 ⬚⬚⬚ 이 아니라 근본적인 대책이 필요하다.
갈무리	무엇을 잘 정리하여 보관함. 일을 잘 처리하여 끝냄. 예 오늘 하던 작업을 잘 ⬚⬚⬚ 하고 퇴근합시다.
불호령	몹시 심하게 하는 꾸지람. 예 조금이라도 예의 없이 굴면 아버지의 ⬚⬚⬚ 이 떨어졌다.
넋두리	자기의 처지나 신세를 하소연하며 길게 늘어놓는 말. 예 그녀는 자신의 힘든 상황에 대해 ⬚⬚⬚ 를 늘어놓았다.
자긍심 스스로 自 자랑할 矜 마음 心	스스로를 떳떳하고 자랑스럽게 여기는 마음. 예 자신의 직업에 대한 ⬚⬚⬚ 을 갖도록 하자.
공치사 공 功 이를 致 말씀 辭	남을 위하여 수고한 것을 생색내며 스스로 자랑하는 것. 예 그는 연구의 성공에 대해 자기 ⬚⬚⬚ 를 늘어놓았다.
보편화 넓을 普 두루 遍 될 化	널리 일반에게 퍼지게 됨. 예 인터넷의 ⬚⬚⬚ 는 소비 형태에 큰 변화를 가져왔다.
불모지 아닐 不 터럭 毛 땅 地	• 식물이 자라지 못하는 거칠고 메마른 땅. • 아무런 개발이나 발전이 되지 않은 곳. 예 육상 ⬚⬚⬚ 인 한국이 육상 강대국을 이겨 화제를 모았다.

사자성어로 어휘력 확장하기

※ 한자를 따라 쓰고 뜻과 음을 쓰세요.

괄목상대

刮	目	相	對
긁을	눈	서로	대할

刮	目	相	對
긁을 괄	눈 목	서로 상	대할 대

'눈을 비비고 상대편을 본다.'라는 뜻으로, 남의 학식이나 재주가 놀랄 만큼 부쩍 늘거나 향상된 것을 이르는 말이다.

교언영색

巧	言	令	色
공교할	말씀	하여금	빛

巧	言	令	色

'말을 교묘하게 하고 얼굴빛을 꾸민다.'라는 뜻으로, 남에게 잘 보이려고 그럴듯하게 꾸며 대는 말과 알랑거리는 태도를 의미한다.

궁여지책

窮	餘	之	策
다할	남을	갈	꾀

窮	餘	之	策

'궁한 나머지 생각다 못하여 짜낸 계책'이라는 뜻으로, 더는 손쓸 방법이 없을 때 막다른 궁지에서 벗어나기 위해 힘들게 짜낸 책략을 의미한다.

권모술수

權	謀	術	數
권세	꾀	재주	셈

權	謀	術	數

'권모'는 좋지 못한 일을 몰래 꾸미는 것을 뜻하고, '술수'는 여러 가지 방책으로 뒷일을 도모함을 뜻한다. 권모술수는 목적 달성을 위해 수단과 방법을 가리지 않고 남을 교묘하게 속이는 술책을 말한다.

권선징악

勸	善	懲	惡
권할	착할	징계할	악할

勸	善	懲	惡

착한 일을 하면 복을 받고, 악한 일을 하면 벌을 받는다는 뜻이다. 이러한 '권선징악'을 주제로 한 옛이야기가 많다.

권토중래

捲	土	重	來
거둘	흙	무거울	올

捲	土	重	來

'흙먼지를 날리며 다시 온다.'는 뜻으로, 한번 싸움에 패하였다가 다시 힘을 길러 쳐들어오는 것을 말한다. 어떤 일에 실패한 뒤 다시 노력하여 도전하는 경우를 가리킬 때 사용한다.

실전 문제로 어휘력 완성하기

● 다음 시를 읽고 물음에 답하시오.

> 골작에는 흔히
> 유성이 묻힌다.
>
> 황혼에
> 누뤼가 소란히 쌓이기도 하고,
>
> 꽃도
> 귀향 사는 곳,
>
> 절터 ㅅ드랬는데
> 바람도 모이지 않고
>
> 산 그림자 설핏하면
> 사슴이 일어나 등을 넘어간다.
>
> — 정지용, 「구성동(九城洞)」

01 이 시의 성격으로 가장 적절한 것은?

① 감정적 ② 순응적 ③ 격정적 ④ 관조적 ⑤ 교훈적

● 다음 시를 읽고 물음에 답하시오.

> 높고 높은 정(情) 하늘이
> 싫은 것은 아니지만
> 손이 낮아서
> 오르지 못하고
> 깊고 깊은 한(恨) 바다가
> 병 될 것은 없지마는
> 다리가 짧아서
> 건너지 못한다.
>
> — 한용운, 「정천 한해(情天恨海)」 중에서

02 이 시와 같이 추상적인 것을 표현하는 시의 성격은?

(   )

● 03~05 다음 설명에 맞는 글자를 골라 ①한글과 ②한자로 쓰시오.

副 버금 부	高 높을 고	産 낳을 산	元 으뜸 원	縫 꿰맬 봉
策 꾀 책	次 버금 차	彌 미륵 미	物 물건 물	

03 뛰어나고 높은 수준.　　　　　　　　　　　　　　(① 　　　　　　　　　　), (② 　　　　　　　　　　)

04 어떤 일을 할 때에 부수적으로 생기는 일이나 현상(물건).　(① 　　　　　　　　　　), (② 　　　　　　　　　　)

05 근본적인 해결책 없이 일시적인 눈가림 대책.　　　　(① 　　　　　　　　　　), (② 　　　　　　　　　　)

● 06~08 제시된 초성을 참고하여 다음 예문을 완성하시오.

06 그는 별 거 아닌 일에도 ㄱ ㅊ ㅅ 가 심했다.　　　　　　　　（　　　　　　　）
　　남을 위하여 수고한 것을 생색내며 스스로 자랑하는 것

07 해외 동포들은 한민족이라는 ㅈ ㄱ ㅅ 을 가지고 살고 있었다.　　（　　　　　　　）
　　스스로를 떳떳하고 자랑스럽게 여기는 마음.

08 아프리카의 많은 나라가 의학의 ㅂ ㅁ ㅈ 나 다름없다.　　　　（　　　　　　　）
　　아무런 개발이나 발전이 되지 않은 곳.

● 09~11 보기 를 참고하여 내용에 맞는 사자성어를 완성하시오.

보기

목	영	괄	교	여	지
언	궁	대	책	상	색

09 남의 학식이나 재주가 놀랄 만큼 부쩍 성장함.　　　　　　　（　　　　　　　）

10 남에게 잘 보이려고 그럴듯하게 꾸며 대는 말과 알랑거리는 태도.　（　　　　　　　）

11 막다른 골목에서 벗어나기 위해 짜내는 계책.　　　　　　　　（　　　　　　　）

04

| 제1차시 | 국어 실력 확인 문제 |

※ **01~04** 다음 설명에 맞는 단어를 보기 에서 찾아 쓰시오.

보기

음보율   외형률   내재율   음수율

01 글자 수와 음보를 규칙적으로 배열하여 리듬이 겉으로 뚜렷하게 드러나는 운율.(   )

02 겉으로 드러나지 않고 은근하게 느껴지는 운율로 주로 자유시에서 볼 수 있는 운율.
(   )

03 시를 읽을 때 끊어 읽기의 단위로 읽으며 규칙적인 운율을 형성하는 것. (   )

04 글자 수가 일정하게 반복되는 것으로 운율을 형성하는 것. (   )

※ **다음 시를 읽고 물음에 답하시오.**

먼 훗날 당신이 찾으시면
그때에 내 말이 "잊었노라."

당신이 속으로 나무라면
"무척 그리다가 잊었노라."

– 김소월, 「먼 후일」 중에서

05 이 시는 어떤 규칙적인 배열을 통해 운율을 형성하고 있는가?

① 2음보   ② 3음보   ③ 3·4조   ④ 7·5조

※ **06~09** 다음 설명에 맞는 단어를 보기 에서 찾아 쓰시오.

보기

일면식   무분별   문외한   몰지각

06 사물의 이치나 도리를 모르고 상황을 판단하는 능력이 전혀 없음. (   )

07 사리에 맞게 판단하고 구별하는 능력이 없음.
(   )

08 어떤 일에 대해 전문적인 지식이 없는 사람.
(   )

09 한 번 얼굴을 본 정도로 조금 알고 있는 일.
(   )

※ **10~13** 다음 설명을 읽고 제시된 초성에 맞는 단어를 쓰시오.

10 앞일이 순조롭게 진행될 것 같은 징조를 비유하는 말.

ㅊ ㅅ ㅎ | □ □ □

11 위험한 상태에 있음을 알려 주는 각종 조짐을 비유하는 말.

ㅈ ㅅ ㅎ | □ □ □

12 전등불이 많이 켜져 있어서 밤에도 대낮처럼 번화한 곳을 비유하는 말.

ㅂ ㅇ ㅅ | □ □ □

13 체면이나 부끄러움을 모르고 뻔뻔함.

ㅍ ㄹ ㅊ | □ □ □

14 친구 사이의 두터운 우정을 의미하는 사자성어는?

① 금란지교(金蘭之交)   ② 기고만장(氣高萬丈)
③ 금지옥엽(金枝玉葉)   ④ 금의환향(錦衣還鄉)

15 좋은 일에 또 좋은 일이 더하여짐을 이르는 사자성어는?

① 금란지교(金蘭之交)   ② 금상첨화(錦上添花)
③ 기고만장(氣高萬丈)   ④ 금지옥엽(金枝玉葉)

시험 빈출 어휘로 국어 개념 잡기

외형률 바깥 外 모양 形 법칙 律	글자 수와 음보를 규칙적으로 배열하여 리듬이 겉으로 뚜렷하게 드러나는 운율을 말한다. 주로 시조와 같은 정형시에서 나타난다.	**예시** 이방원, 「하여가」 중에서 이런들 어떠하며 저런들 어떠하리. 만수산 드렁칡이 얽혀진들 어떠하리. 우리도 이같이 얽혀져 백 년까지 누리리라.

음보율
소리 音 걸음 步 법칙 律

소리 내어 읽을 때 한 호흡으로 읽히는 단위인 '음보'를 규칙적으로 반복하여 형성되는 운율을 말한다. 음보는 띄어 쓰는 단위가 아니라 끊어서 읽는 단위이다. 김소월의 「먼 후일」은 3음보로 다음과 같이 세 마디로 끊어 읽어야 시를 제대로 음미할 수 있다.

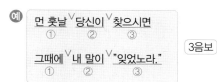

음수율
소리 音 셈 數 법칙 律

글자 수가 일정하게 반복되어 형성되는 운율을 말한다. 세 글자와 네 글자(3·4조), 네 글자와 네 글자(4·4조), 일곱 글자와 다섯 글자(7·5조)의 글자 수로써 리듬감을 느끼게 한다.

예
산 너머 남촌에는 / 누가 살길래
　7자　　　　　 5자
해마다 봄바람이 / 남으로 오네.
　7자　　　　　 5자
7·5조

음위율
소리 音 자리 位 법칙 律

같은 자리에 같은 글자가 반복될 때 느껴지는 운율로, 일정한 음이 시행 앞에 있으면 '두운(頭韻)', 중간에 있는 것을 '요운(腰韻)', 끝에 있는 것을 '각운(脚韻)'이라고 한다.

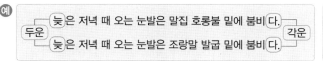

두운(頭-머리, 韻-운)
요운(腰-허리, 韻-운)
각운(脚-다리, 韻-운)

내재율
안 內 있을 在 법칙 律

겉으로 드러나지 않고 은근하게 느껴지는 운율로 대부분의 자유시에 나타난다. 시의 내용 및 표현된 단어에서 느껴지는 주관적이고 개성적인 운율이다.

운문
운 韻 문장 文

일정한 운율 또는 언어적 규칙에 따라서 적은 글로 표현된 시와 동시, 시조 등을 말한다.

산문
흩을 散 문장 文

소설이나 수필처럼 운율이나 음절의 수 등에 얽매이지 않고 자유롭게 쓴 글이다.

교과서 필수 단어로 어휘력 키우기

신장률
펼 伸 베풀 張 비율 率

세력이나 규모 따위를 이전보다 늘리거나 커지게 한 비율.

예 수출이 지난해에 비해 50%의 [   ]을 기록하였다.

청신호
푸를 靑 믿을 信 이름 號

앞일이 순조롭게 진행될 것 같은 징조를 비유함.

예 성공적인 남북 회담으로 통일에 대한 [   ]가 켜졌다.

적신호
붉을 赤 믿을 信 이름 號

위험한 상태에 있음을 알려 주는 각종 조짐을 비유함.

예 불면증과 잦은 두통은 건강의 [   ]이다.

몰지각
빠질 沒 알 知 깨달을 覺

사물의 이치나 도리를 모르고 상황을 판단하는 능력이 전혀 없다.

예 창밖으로 쓰레기를 던지는 것은 [   ]한 행동이다.

무분별
없을 無 나눌 分 나눌 別

사리에 맞게 판단하고 구별하는 능력이 없음.

예 삼림의 [   ]한 개발을 막아야 한다.

파렴치
깨뜨릴 破 청렴할 廉 부끄러울 恥

체면이나 부끄러움을 모르고 뻔뻔함.

예 이곳을 쓰레기 산으로 만든 사람들의 [   ]한 행동에 분노한다.

불야성
아닐 不 밤 夜 재 城

전등불이 많이 켜져 있어서 밤에도 대낮처럼 번화한 곳을 비유함.

예 유명 식당이 많은 곳이라 밤에도 [   ]을 이룬다.

문외한
문 門 바깥 外 한수 漢

어떤 일에 대해 전문적인 지식이 없는 사람.

예 나는 음악에서는 전문가지만 미술에는 [   ]이다.

무방비
없을 無 막을 防 갖출 備

적이나 위험 등을 막아 낼 준비가 되어 있지 않음.

예 요즘 청소년들은 유해환경에 [   ]로 노출되어 있다.

일면식
한 一 낯 面 알 識

한 번 얼굴을 본 정도로 조금 알고 있는 일.

예 소문으로 그에 대해 들었을 뿐, [   ]도 없는 사이이다.

사자성어로 어휘력 확장하기

※ 한자를 따라 쓰고 뜻과 음을 쓰세요.

금란지교

金	蘭	之	交
쇠	난초	갈	사귈

金	蘭	之	交
쇠 금	난초 란	갈 지	사귈 교

'단단하기가 황금과 같고 아름답기가 난초 향기와 같은 사귐'이라는 뜻으로, 두 사람 사이에 서로 마음이 맞고 아무리 어려운 일이라도 함께 헤쳐 나갈 만큼 우정이 깊은 사귐을 이르는 말이다. 비슷한 표현으로 지란지교(芝蘭之交)가 있다.

금상첨화

錦	上	添	花
비단	위	더할	꽃

錦	上	添	花

'비단 위에 꽃을 더한다.'라는 뜻으로, 좋은 일에 또 좋은 일이 더하여짐을 이르는 말이다.

금의환향

錦	衣	還	鄕
비단	옷	돌아올	시골

錦	衣	還	鄕

'비단옷을 입고 고향에 돌아온다.'라는 뜻으로, 출세하여 고향에 돌아옴을 비유하는 말이다.

금지옥엽

金	枝	玉	葉
쇠	가지	구슬	잎

金	枝	玉	葉

'금(金) 가지에 옥(玉) 잎사귀'라는 뜻으로, 아주 귀한 자손을 이르는 말이다.

기고만장

氣	高	萬	丈
기운	높을	일만	어른

氣	高	萬	丈

'기운이 만 길 높이만큼 뻗었다.'라는 뜻으로, 일이 뜻대로 잘될 때 우쭐하여 뽐내는 기세가 대단함을 의미한다.

기사회생

起	死	回	生
일어날	죽을	돌아올	날

起	死	回	生

'죽은 사람이 일어나 다시 살아난다.'라는 뜻으로, 거의 죽을 뻔했다가 도로 살아난 경우를 가리킨다.

실전 문제로 어휘력 완성하기

● 다음 시를 읽고 물음에 답하시오.

> 먼 훗날 당신이 찾으시면
> 그때에 내 말이 "잊었노라."
>
> 당신이 속으로 나무라면
> "무척 그리다가 잊었노라."
>
> – 김소월, 「먼 후일」 중에서

01 이 시와 같은 음보율을 가진 시는?

① 아리랑 아리랑 아라리요
    아리랑 고개로 넘어간다

② 이 몸이 죽고 죽어 일백 번 고쳐 죽어
    백골이 진토 되어 넋이라도 있고 없고

③ 아아 님은 갔지만 나는 님을 보내지 아니하였습니다.
    제 곡조를 못 이기는 노래는 님의 침묵을 휩싸고 돕니다.

④ 푸른 밤 고이 맺는 이슬 같은 보람을
    보밴 듯 감추었다 내어 드리지.

⑤ 한밤에 홀로 보는 나의 마당은
    호수같이 둥긋이 차고 넘치노나.

02 다음 시처럼 글자 수의 일정한 반복으로 형성되는 운율은?   (   )

> 나 보기가 역겨워 / 가실 때에는
>   7자   5자
>
> 말없이 고이 보내 드리우리다
>   7자   5자
>
> – 김소월, 「진달래꽃」 중에서

03 다음 시처럼 같은 글자를 비슷한 위치에 반복하여 형성되는 운율은? (   )

> 돌담에 속삭이는 햇발같이
> 풀 아래 웃음 짓는 샘물같이
>
> – 김영랑, 「돌담에 속삭이는 햇발」 중에서

● 04~06 다음 설명에 맞는 글자를 골라 ①한글과 ②한자로 쓰시오.

沒 빠질 몰　伸 펼 신　無 없을 무　率 비율 률　別 나눌 별
覺 깨달을 각　張 베풀 장　知 알 지　分 나눌 분

04 세력이나 규모 따위를 이전보다 늘리거나 커지게 한 비율.　(①　　　　　　　), (②　　　　　　　)

05 사물의 이치나 도리를 모르고 상황을 판단하는 능력이 전혀 없음.
　　　　　　　　　　　　　　　　　　　　　　　　　(①　　　　　　　), (②　　　　　　　)

06 사리에 맞게 판단하고 구별하는 능력이 없음.　(①　　　　　　　), (②　　　　　　　)

● 07~09 제시된 초성을 참고하여 다음 예문을 완성하시오.

07 그는 착한 사람에게 사기치는 ㅍㄹㅊ 한 인간이다.　(　　　　　　　)
　　　　　　체면이나 부끄러움을 모르고 뻔뻔함.

08 이 지역에는 맛집과 놀거리가 많아 밤이면 ㅂㅇㅅ 을 이룬다.　(　　　　　　　)
　　　　　　　전등불이 많이 켜져 있어서 밤에도 대낮처럼 번화한 곳을 비유함.

09 그림에 ㅁㅇㅎ 인 사람이 보기에도 그 작품은 예사롭지 않아 보인다.　(　　　　　　　)
　　어떤 일에 대해 전문적인 지식이 없는 사람.

● 10~12 보기를 참고하여 내용에 맞는 사자성어를 완성하시오.

보기

사　첨　란　상　기　교
금　회　생　금　지　화

10 친구 사이의 두터운 우정.　(　　　　　　　)

11 좋은 일에 또 좋은 일이 더하여짐.　(　　　　　　　)

12 거의 죽을 뻔했다가 도로 살아남.　(　　　　　　　)

06 STEP 1 기본 실력 점검하기

국어 실력 확인 문제

제1차시

※ 다음 시를 읽고 물음에 답하시오.

바람도 없는 공중에 수직의 파문을 내이며,
고요히 떨어지는 오동잎은 누구의 발자취입니까.
지리한 장마 끝에 서풍에 몰려가는 무서운 검은
구름의 터진 틈으로, 언뜻언뜻 보이는 푸른 하늘
은 누구의 얼굴입니까.

– 한용운, 「알 수 없어요」 중에서

01 이 시에서 두드러지게 나타나는 성격은?

① 구도적　　② 웅변적
③ 낭만적　　④ 냉소적

※ 다음 시를 읽고 물음에 답하시오.

거울속에는소리가없소
저렇게까지조용한세상은참없을것이오

거울속에도내게귀가있소
내말을못알아듣는딱한귀가두개나있소

거울속의나는왼손잡이오
내악수를받을줄모르는-악수를모르는왼손잡이오

– 이상, 「거울」 중에서

02 이 시에서 두드러지게 나타나는 성격은?

① 구도적　　② 웅변적
③ 낭만적　　④ 냉소적

※ **03~06** 다음 설명에 맞는 단어를 보기 에서 찾아 쓰시오.

보기

청사진　등용문　기라성　장사진

03 신분이 높거나 권력이나 명예 따위를 가지고 있는 사람이 모여 있는 것을 비유하는 말.
(　　　　　)

04 출세하기 위하여 반드시 거쳐야 하는 어려운 과정.
(　　　　　)

05 미래에 대한 희망적인 계획이나 구상을 의미함.
(　　　　　)

06 많은 사람이 줄을 지어 길게 늘어선 모양을 이르는 말.
(　　　　　)

※ **07~09** 다음 설명을 읽고 제시된 초성에 맞는 단어를 쓰시오.

07 사건이 일어나게 된 직접적인 원인.
ㄷ ㅎ ㅅ [　][　]

08 어떤 일에 관하여 일정한 경지에 오른 안목이나 견해.
ㅇ ㄱ ㄱ [　][　]

09 진귀한 경치나 구경거리라 할 만한 희한한 광경.
ㅈ ㅍ ㄱ [　][　]

10 나라 안팎의 여러 가지 어려운 사태를 뜻하는 사자 성어는?

① 노심초사(勞心焦思)　② 다다익선(多多益善)
③ 내우외환(內憂外患)　④ 기상천외(奇想天外)

11 나쁜 사람을 가까이하면 그 버릇에 물들기 쉬운 것을 뜻하는 사자성어는?

① 근묵자흑(近墨者黑)　② 기상천외(奇想天外)
③ 대동소이(大同小異)　④ 다다익선(多多益善)

시험 빈출 어휘로 국어 개념 잡기

구도적 구할 求 길 道

진리나 종교적인 깨달음의 경지를 구하는 것을 말함. 삶의 궁극적 이치를 돈이나 권력 같은 외형적인 것에서 추구하는 것이 아니라 참된 도리나 종교적 깨달음에서 찾는 것을 의미한다.

예시 한용운, 「알 수 없어요」 중에서

바람도 없는 공중에 수직의 파문을 내이며 고요히 떨어지는 오동잎은 누구의 발자취입니까.
지리한 장마 끝에 서풍에 몰려가는 무서운 검은 구름의 터진 틈으로 언뜻언뜻 보이는 푸른 하늘은 누구의 얼굴입니까.

탈속적 벗을 脫 풍속 俗

부나 명예와 같은 현실적인 이익을 추구하는 마음으로부터 벗어난 것을 의미한다. 신흠의 「산촌에 눈이 오니」는 속세를 벗어나 자연을 즐기며 살아가려는 탈속적 성격이 잘 드러난다.

예시 신흠, 「산촌에 눈이 오니」

산촌에 눈이 오니 돌길이 묻혔구나.
사립문 여지 마라, 날 찾을 이 뉘 있으리.
한밤중 일편명월(一片明月)이 내 벗인가 하노라.

낭만적 물결 浪 흩어질 漫

현실에 매이지 않고 감상적이고 이상적으로 사물을 대하는 것을 의미한다. 황진이의 「동짓달 기나긴 밤을」은 '서리서리', '굽이굽이' 등의 아름다운 우리말을 사용하여 '겨울밤'이라는 추상적인 시간을 낭만적으로 표현하고 있다.

예시 황진이, 「동짓달 기나긴 밤을」

동짓달 기나긴 밤을 한 허리를 베어 내어
춘풍 이불 아래 서리서리 넣었다가
임 오신 날 밤이어든 굽이굽이 펴리라.

냉소적 찰 冷 웃음 笑

상황을 차가운 태도로 바라보며 비웃는 것을 뜻한다. 이상의 「거울」은 거울 속의 나와 거울 밖의 내가 단절된 것처럼 현실과 이상 사이에서 괴리를 느끼는 자신을 냉소적인 시각으로 바라보고 있다.

예시 이상, 「거울」 중에서

거울속에도내게귀가있소
내말을못알아듣는딱한귀가두개나있소

거울속의나는왼손잡이오
내악수를받을줄모르는―악수를모르는왼손잡이오

교과서 필수 단어로 어휘력 키우기

도화선 인도할 導 불 火 줄 線	폭약이 터지도록 불을 붙이는 심지로 사건의 직접적인 원인을 일컬음. 예 둘 사이의 사소한 오해가 싸움의 ☐☐☐ 이 되었다.
기라성 비단 綺 벌일 羅 별 星	밤하늘의 많은 별이라는 뜻으로, 신분이 높거나 권력이나 명예 따위를 가지고 있는 사람이 모여 있는 것을 비유함. 예 이번 전시회에는 ☐☐☐ 같은 예술가들이 많이 참여한다.
일가견 한 一 집 家 볼 見	어떤 일에 관하여 일정한 경지에 오른 안목이나 견해. 예 그는 궁중 요리에 대해서 ☐☐☐ 이 있다.
등용문 오를 登 용 龍 문 門	출세하기 위하여 거쳐야 하는 어려운 과정. 예 그 대회는 젊은 음악가들의 ☐☐☐ 역할을 해 왔다.
주동자 주인 主 움직일 動 놈 者	어떤 일에 중심이 되어 움직이는 사람. 예 경찰은 이번 사태의 ☐☐☐ 를 검거했다.
좌우명 자리 座 오른쪽 右 새길 銘	자신의 생활을 이끌어 가는 지침으로 삼는 말이나 문구. 예 정직은 내가 항상 마음에 품고 있는 ☐☐☐ 이다.
진풍경 보배 珍 바람 風 볕 景	진귀한 경치나 구경거리라 할 만한 희한한 광경. 예 한정판을 사기 위해 새벽부터 줄을 서는 ☐☐☐ 이 벌어졌다.
부전승 아닐 不 싸움 戰 이길 勝	추첨이나 상대편의 기권 등으로 경기를 치르지 않고 이김. 예 우리 팀은 상대편의 자격 상실로 ☐☐☐ 을 거뒀다.
청사진 푸를 靑 베낄 寫 참 眞	미래에 대한 희망적인 계획이나 구상. 예 대통령은 미래 도시에 대한 구체적인 ☐☐☐ 을 제시하였다.
장사진 길 長 긴 뱀 蛇 무리 陣	많은 사람이 줄을 지어 길게 늘어선 모양을 이르는 말. 예 입장권을 사려는 사람들이 새벽부터 ☐☐☐ 을 치고 있다.

사자성어로 어휘력 확장하기

※ 한자를 따라 쓰고 뜻과 음을 쓰세요.

기상천외

奇	想	天	外
기이할	생각	하늘	바깥

奇	想	天	外
기이할 기	생각 상	하늘 천	바깥 외

보통 사람은 짐작할 수조차 없을 만큼 생각이 기발하고 엉뚱함을 가리킨다.

내우외환

內	憂	外	患
안	근심	바깥	근심

內	憂	外	患

'내부에서 일어나는 근심과 외부로부터 받는 근심'이란 뜻으로, 나라 안팎의 여러 가지 어려운 사태를 뜻한다.

노심초사

勞	心	焦	思
일할	마음	탈	생각

勞	心	焦	思

'마음을 수고롭게 하고 너무 깊이 생각한다.'라는 뜻으로, 어떤 일에 대한 걱정으로 몹시 불안한 심리 상태를 일컫는다.

다다익선

多	多	益	善
많을	많을	더할	착할

多	多	益	善

많으면 많을수록 더욱 좋다는 뜻이다.

대동소이

大	同	小	異
클	한가지	작을	다를

大	同	小	異

'큰 부분에서는 같고, 작은 부분에서만 차이가 있다.'라는 뜻으로, 큰 차이 없이 거의 유사함을 의미한다.

근묵자흑

近	墨	者	黑
가까울	먹	놈	검을

近	墨	者	黑

'먹을 가까이 하면 검어진다.'라는 뜻으로, 나쁜 사람을 가까이 하면 그 버릇에 물들기 쉽다는 말이다. 사람도 주위 환경에 따라 변할 수 있다는 것을 비유한 말이다. 나쁜 사람과 어울리면 보고 듣는 것이 언제나 그릇된 것뿐이어서 자신도 모르게 그릇된 방향으로 나아가게 된다는 것을 의미한다.

실전 문제로 어휘력 완성하기

● 다음 시를 읽고 물음에 답하시오.

> 내 마음에 때때로 어리우는 티끌과
> 속임 없는 눈물의 간곡한 방울방울,
> 푸른 밤 고이 맺는 이슬 같은 보람을
> 보밴 듯 감추었다 내어 드리지.
>
>   – 김영랑, 「내 마음을 아실 이」 중에서

01 이 시에서 두드러지게 나타나는 성격은?
     ① 서사적   ② 달관적   ③ 관조적   ④ 애상적   ⑤ 낭만적

● 다음 시를 읽고 물음에 답하시오.

> 밤비는 뱀눈처럼 가는데
> 페이브먼트에 흐느끼는 불빛,
> 카페 프란스에 가자.
>
> 이놈의 머리는 비뚜른 능금
> 또 한 놈의 심장은 벌레 먹은 장미
> 제비처럼 젖은 놈이 뛰어간다.
>
>   – 정지용, 「카페 프란스」 중에서

02 이 시에서처럼 상황을 차가운 시선으로 바라보며 비웃는 태도는?
                             (   )

● 다음 시를 읽고 물음에 답하시오.

> 님이여, 당신은 봄과 광명과 평화를 좋아하십니다.
> 약자의 가슴에 눈물을 뿌리는 자비의 보살이 되옵소서.
> 님이여, 사랑이여, 얼음 바다의 봄바람이여.
>
>   – 한용운, 「찬송」 중에서

03 이 시에서처럼 삶의 궁극적 이치를 진리나 종교적인 깨달음에서 찾는 태도는?
                             (   )

● 04~06 다음 설명에 맞는 글자를 골라 ①한글과 ②한자로 쓰시오.

綺 비단 기	導 인도할 도	龍 용 용	線 줄 선	門 문 문
星 별 성	火 불 화	羅 벌일 라	登 오를 등	

04 사건이 일어나게 된 직접적인 원인을 의미함.　　　　　　(①　　　　　　), (②　　　　　　)

05 신분이 높거나 권력, 명예를 가지고 있는 사람이 모여 있는 것을 비유함.

　　　　　　　　　　　　　　　　　　　　　　　　(①　　　　　　), (②　　　　　　)

06 출세하기 위하여 거쳐야 하는 어려운 과정.　　　　　　(①　　　　　　), (②　　　　　　)

● 07~09 제시된 초성을 참고하여 다음 예문을 완성하시오.

07 경찰은 결국 이번 사건의 ㅈ ㄷ ㅈ 를 밝혀내지 못했다.　　　　　　(　　　　　　)
　　　　　　　　　어떤 일에 중심이 되어 움직이는 사람.

08 우리 팀은 운 좋게도 ㅂ ㅈ ㅅ 으로 8강에 진출하였다.　　　　　　(　　　　　　)
　　　　　　　　　추첨이나 상대편의 기권 등으로 경기를 치르지 않고 이김.

09 새로운 시장은 미래 도시의 ㅊ ㅅ ㅈ 을 제시했다.　　　　　　(　　　　　　)
　　　　　　　　　미래에 대한 희망적인 계획이나 구상.

●10~12 보기 를 참고하여 내용에 맞는 사자성어를 완성하시오.

보기

묵	외	기	우	흑	천
외	자	내	근	상	환

10 나라 안팎의 여러 가지 어려운 사태.　　　　　　(　　　　　　)

11 보통 사람은 짐작조차 할 수 없을 만큼 생각이 기발하고 엉뚱함.　　　　　　(　　　　　　)

12 나쁜 사람을 가까이하면 그 버릇에 물들기 쉬움.　　　　　　(　　　　　　)

제1차시

국어 실력 확인 문제

※ 다음 시를 읽고 물음에 답하시오.

> 문 열자 선뜻! / 먼 산이 이마에 차라.
> … 중략 …
> 미나리 파릇한 새순 돋고
> 옴짓 아니 기던 고기 입이 오물거리는,
>
> – 정지용, 「춘설」 중에서

01 이 시의 밑줄 친 부분에 드러난 심상은?
① 시각적 심상　　② 청각적 심상
③ 미각적 심상　　④ 촉각적 심상

※ 다음 시를 읽고 물음에 답하시오.

> 나는 열이 오른다.
> 뺨은 차라리 연정스레히
> 유리에 부빈다, 차디찬 입맞춤을 마신다.
> 쓰라리, 알연히, 그싯는 음향—
> 머언 꽃!
> 도회에는 고운 화재가 오른다.
>
> – 정지용, 「유리창 2」 중에서

02 이 시의 밑줄 친 부분에 드러난 심상은?
① 시각적 심상　　② 청각적 심상
③ 미각적 심상　　④ 촉각적 심상

※ 다음 시를 읽고 물음에 답하시오.

> 어제도 하로밤
> 나그네 집에
> 가마귀 가왁가왁 울며 새었소.
>
> – 김소월, 「길」 중에서

03 이 시의 밑줄 친 부분에 드러난 심상은?
① 시각적 심상　　② 청각적 심상
③ 미각적 심상　　④ 촉각적 심상

※ **04~07** 다음 뜻에 맞는 단어를 **보기**에서 찾아 쓰시오.

> **보기**
> 구천　　견문　　거처　　군락

04 일정하게 자리를 잡고 머물러 사는 장소를 뜻함.
(　　　　　)

05 사람이 죽은 후에 그 영혼이 가는 곳을 의미함.
(　　　　　)

06 같은 범위 안에 함께 생활하는 식물의 집단.
(　　　　　)

07 보거나 듣거나 하여 깨달아 얻은 지식.
(　　　　　)

※ **08~10** 다음 설명을 읽고 제시된 초성에 맞는 단어를 쓰시오.

08 강이나 호수 따위와 같이 염분이 없는 물.

ㄷ ㅅ ▢▢

09 설이나 추석 따위의 명절을 앞두고 물건이 많이 팔리는 시기.

ㄷ ㅁ ▢▢

10 걸어 다니는 수고를 뜻하는 말.　ㅂ ㅍ ▢▢

11 남의 말을 귀 기울이지 않고 그냥 지나쳐 흘려 버림을 뜻하는 사자성어는?
① 독야청청(獨也靑靑)　　② 마이동풍(馬耳東風)
③ 망양보뢰(亡羊補牢)　　④ 동분서주(東奔西走)

12 이미 어떤 일을 실패한 뒤에 뉘우쳐도 아무 소용이 없음을 뜻하는 사자성어는?
① 동분서주(東奔西走)　　② 독야청청(獨也靑靑)
③ 망연자실(茫然自失)　　④ 망양보뢰(亡羊補牢)

시험 빈출 어휘로 국어 개념 잡기

심상 마음 心 코끼리, 모양 象	시를 읽을 때 마음속에 떠오르는 빛깔, 모양, 소리, 냄새, 맛, 촉감 등의 감각적인 느낌을 '심상' 또는 '이미지(image)'라고 한다. 심상은 독자가 시를 생생하게 느끼도록 해 주고, 화자의 정서와 태도를 드러낸다.	

시각적 심상 볼 視 깨달을 覺	시를 읽을 때 무엇인가를 보는 듯한 느낌을 '시각적 심상'이라고 한다. 색채, 모양, 명암, 움직임, 풍경 등 눈을 통해 느낄 수 있는 심상을 말한다.	**예시** 정지용, 「춘설」중에서 미나리 파릇한 새순 돋고 옴짓 아니 기던 고기 입이 오물거리는,
청각적 심상 들을 聽 깨달을 覺	소리와 같이 귀를 통해 느껴지는 심상으로 소리, 음성, 음향 등으로 표현된다.	**예시** 김소월, 「길」중에서 까마귀 가왁가왁 새며 울었소 **예시** 정지용, 「고향」중에서 어린 시절 불던 풀피리 소리 아니 나고
촉각적 심상 닿을 觸 깨달을 覺	감촉이나 차가움, 뜨거움 등을 느끼는 듯한 심상을 말한다.	**예시** 정지용, 「유리창 2」중에서 나는 열이 오른다. 뺨은 차라리 연정스레히 유리에 부빈다, 차디찬 입맞춤을 마신다.
미각적 심상 맛 味 깨달을 覺	짜다, 쓰다, 맵다 등과 같은 맛으로 표현된 심상을 말한다.	**예시** 정지용, 「고향」중에서 어린 시절에 불던 풀피리 소리 아니 나고 메마른 입술에 쓰디쓰다.
후각적 심상 맡을 嗅 깨달을 覺	냄새나 향기로 표현된 심상을 말한다.	**예시** 이육사, 「광야」중에서 지금 눈 내리고 매화 향기 홀로 아득하니 내 여기 가난한 노래의 씨를 뿌려라 **예시** 김동환, 「산 너머 남촌에는」중에서 꽃 피는 사월이면 진달래 향기 밀 익는 오월이면 보리 내음새

교과서 필수 단어로 어휘력 키우기

거처
살 居 곳 處

일정하게 자리를 잡고 머물러 사는 장소.

예 도시 생활에 지친 그는 시골로 ☐☐를 옮겼다.

곁길

• 큰길에서 갈라져서 난 길.
• 이야기나 계획 등이 원래의 기본 방향에서 벗어난 다른 방향.

예 대화가 ☐☐로 새는 바람에 아직 결론을 맺지 못했다.

구천
아홉 九 샘 泉

'땅속 깊은 밑바닥'이라는 뜻으로, 사람이 죽은 후에 그 영혼이 가는 곳.

예 한이 많아 ☐☐을 떠도는 영혼을 위한 제사가 시작되었다.

군락
무리 群 떨어질 落

• 같은 범위 안에 함께 생활하는 식물의 집단.
• 같은 지역에 모여 있는 여러 마을.

예 화담숲에 무궁화 ☐☐이 형성되었다.

남루
해진 옷 襤 해진 옷 褸

낡아 해진 옷.

예 행색이 ☐☐한 아이가 담 밑에 웅크려 있었다.

담수
맑을 淡 물 水

강이나 호수와 같이 염분이 없는 물.

예 바닷물을 마실 수 있는 ☐☐로 바꾸는 사업이 본격화되었다.

견문
볼 見 들을 聞

보거나 듣거나 하여 깨달아 얻은 지식.

예 세계 여러 나라를 여행하며 ☐☐을 넓히고 싶다.

금슬(금실)
거문고 琴 큰거문고 瑟

부부간의 사랑.

예 우리 부부는 ☐☐이 좋아 잉꼬부부라는 말을 자주 듣는다.

대목

• 명절을 앞두고 물건이 많이 팔리는 시기.
• 이야기나 글 따위의 특정한 부분.

예 추석 ☐☐이라 시장은 사람들로 붐볐다.

발품

걸어 다니는 수고.

예 좋은 재료를 사기 위해 직접 ☐☐을 팔며 시장을 돌아다녔다.

사자성어로 어휘력 확장하기

※ 한자를 따라 쓰고 뜻과 음을 쓰세요.

독야청청
獨 也 靑 靑
홀로 어조사 푸를 푸를

獨	也	靑	靑
홀로 독	어조사 야	푸를 청	푸를 청

'홀로 푸르다.'라는 뜻으로, 남들이 모두 절개를 버린 상황 속에서 홀로 절개를 굳세게 지키고 있음을 의미한다.

동분서주
東 奔 西 走
동녘 달릴 서녘 달릴

| 東 | 奔 | 西 | 走 |

'동쪽으로 뛰고 서쪽으로 뛴다.'라는 뜻으로, 여기저기 사방으로 분주하게 돌아다니는 것을 가리킨다.

두문불출
杜 門 不 出
막을 문 아닐 날

| 杜 | 門 | 不 | 出 |

'문을 닫고 나가지 않는다.'라는 뜻으로, 외출을 전혀 하지 않고 집 안에만 틀어박혀 있음을 의미한다.

마이동풍
馬 耳 東 風
말 귀 동녘 바람

| 馬 | 耳 | 東 | 風 |

'말의 귀에 동풍이 불어도 말은 아랑곳하지 않는다.'라는 뜻으로, 남의 말을 귀 기울이지 않고 그냥 지나쳐 흘려 버림을 의미한다.

망양보뢰
亡 羊 補 牢
망할 양 기울 우리

| 亡 | 羊 | 補 | 牢 |

'양(羊)을 잃고 우리를 고친다.'라는 뜻으로, 이미 어떤 일을 실패한 뒤에 뉘우쳐도 아무 소용이 없음을 일컫는다.

망연자실
茫 然 自 失
아득할 그럴 스스로 잃을

| 茫 | 然 | 自 | 失 |

'제정신을 잃고 어리둥절한 모양을 이르는 말.'로, 황당한 일을 당하거나 어찌할 줄을 몰라 정신이 나간 듯이 멍하게 있는 모습을 일컫는다.

55

실전 문제로 어휘력 완성하기

● **01~03** 다음 시를 읽고 물음에 답하시오.

> 꽃가루와 같이 부드러운 고양이의 털에
> 고운 봄의 향기가 어리우도다.
>
> 금방울과 같이 호동그란 고양이의 눈에
> 미친 봄의 불길이 흐르도다.
>
> 고요히 다물은 고양이의 입술에
> 포근한 봄 졸음이 떠돌아라.
>
> 날카롭게 쭉 뻗은 고양이의 수염에
> 푸른 봄의 생기가 뛰놀아라.
>
> — 이장희, 「봄은 고양이로다」

01 1연 1행에 사용된 주된 심상은?　　　　(　　　　　　　) 심상

02 1연 2행에 사용된 주된 심상은?　　　　(　　　　　　　) 심상

03 2연에 사용된 주된 심상은?　　　　(　　　　　　　) 심상

● 다음 시를 읽고 물음에 답하시오.

> 어린 시절에 불던 풀피리 소리 아니 나고
> 메마른 입술에 쓰디쓰다.
>
> — 정지용, 「고향」 중에서

04 이 시에 사용된 2개의 심상을 쓰시오.

　　　　　　　(　　　　　　 , 　　　　　　) 심상

● 05~07 다음 설명에 맞는 글자를 골라 ①한글과 ②한자로 쓰시오.

聞 들을 문	處 곳 처	落 떨어질 락
群 무리 군	居 살 거	見 볼 견

05 일정하게 자리를 잡고 머물러 사는 장소.　　(① 　　　　　), (② 　　　　　)

06 같은 범위 안에 함께 생활하는 식물의 집단.　　(① 　　　　　), (② 　　　　　)

07 보거나 듣거나 하여 깨달아 얻은 지식.　　(① 　　　　　), (② 　　　　　)

● 08~10 제시된 초성을 참고하여 다음 예문을 완성하시오.

08 그들은 ㄱ ㅅ 좋은 부부로 소문나 있었다.　　(　　　　　)
　　부부간의 사랑.

09 주인공이 가족과 재회하는 ㄷ ㅁ 에서 눈물이 났다.　　(　　　　　)
　　이야기나 글 따위의 특정한 부분.

10 이 지역은 ㄷ ㅅ 가 부족해 농사를 지을 수 없다.　　(　　　　　)
　　강이나 호수 따위와 같이 염분이 없는 물.

● 11~13 보기를 참고하여 내용에 맞는 사자성어를 완성하시오.

보기

분	이	양	마	보	서
풍	동	뢰	주	망	동

11 여기저기 사방으로 분주하게 돌아다님.　　(　　　　　)

12 남의 말을 귀 기울이지 않고 그냥 지나쳐 흘려버림을 뜻함.　　(　　　　　)

13 이미 어떤 일을 실패한 뒤에 뉘우쳐도 아무 소용이 없음을 이르는 말.　　(　　　　　)

07

제1차시

국어 실력 확인 문제

※ 다음 시를 읽고 물음에 답하시오.

> 꽃은 무슨 일로 피면서 쉬이 지고
> 풀은 어이하여 푸르는 듯 누르나니
> 아마도 변치 않는 건 바위뿐인가 하노라.
>
> — 윤선도, 「오우가」 중에서

01 이 시에서 두드러지게 나타나는 성격은?

① 단정적　　　② 달관적
③ 낭만적　　　④ 대조적

※ 다음 시를 읽고 물음에 답하시오.

> 말 없는 청산(靑山)이요, 모양 없는 유수(流水)
> 로다.
> 값 없는 청풍(靑風)과 임자 없는 명월(明月)이라.
> 이 중(中)에 병(病) 없는 이 몸이 분별(分別) 없이
> 늙으리라.
>
> — 성혼, 「말 없는 청산이요」

02 이 시에서 두드러지게 나타나는 성격은?

① 단정적　　　② 달관적
③ 낭만적　　　④ 대조적

※ 03~06 다음 설명에 맞는 단어를 **보기** 에서 찾아 쓰시오.

보기

명성　　명분　　발원　　반열

03 어떤 일을 하기 위해 내세우는 이유나 핑계를 뜻함.
(　　　　　)

04 세상 사람들의 평이 높아 세상에 널리 알려진 이름.
(　　　　　)

05 다른 사람이나 조직이 인정하는 높은 지위나 등급.
(　　　　　)

06 사회 현상이나 사상 따위가 맨처음 생겨남.
(　　　　　)

※ **07~10** 다음 설명을 읽고 제시된 초성에 맞는 단어를 쓰시오.

07 너그럽게 받아들이고 깊게 이해할 수 있는 마음과 생각.

ㄷ ㄹ ☐☐

08 남을 대하기에 떳떳한 마음이나 처지.

ㅁ ㅁ ☐☐

09 죽은 동물을 썩지 않게 처리하고 그 안에 솜 등을 넣어 원래의 모양대로 만듦.

ㅂ ㅈ ☐☐

10 어떤 일을 하는 데 그 일과 전혀 관계없는 일이나 행동.

ㄸ ㅈ ☐☐

11 알려진 사실과 실제 내용이 서로 들어맞을 때 사용하는 사자성어는?

① 명실상부(名實相符)　　② 묵묵부답(默默不答)
③ 매점매석(買占賣惜)　　④ 미사여구(美辭麗句)

12 외부 사물인 물질세계와 정신세계가 어울려 하나가 됨을 뜻하는 사자성어는?

① 미풍양속(美風良俗)　　② 미사여구(美辭麗句)
③ 물아일체(物我一體)　　④ 묵묵부답(默默不答)

시험 빈출 어휘로 국어 개념 잡기

단정적 끊을 斷 정할 定

어떤 사실에 대하여 딱 잘라 판단하거나 결정을 내리는 것. 의지나 결의를 드러내고, 자신의 입장이나 생각을 분명하고 확고하게 밝히는 시에서 느껴진다.

예시 김기림, 「바다와 나비」 중에서

아무도 그에게 수심(水深)을 일러 준 일이 없기에
흰 나비는 도무지 바다가 무섭지 않다.

청(靑)무 밭인가 해서 내려갔다가는
어린 날개가 물결에 절어서
공주처럼 지쳐서 돌아온다.

대조적 대할 對 비칠 照

서로 반대되어 대비를 이루는 것. 윤선도의 「오우가」는 꽃과 풀의 가변성을 바위의 불변성과 대조함으로써 바위의 변함없는 덕성을 예찬하고 있다.

예시 윤선도, 「오우가」 중에서

꽃은 무슨 일로 피면서 쉬이 지고
풀은 어이하여 푸르는 듯 누르나니
아마도 변치 않는 건 바위뿐인가 하노라.

도피적 도망할 逃 피할 避

어떤 대상에서 벗어나려 하거나 적극적으로 나서야 할 일에 몸을 사려 빠지는 것을 '도피적'이라고 한다. 「청산별곡」은 현실을 떠나서 이상향인 '청산(靑山)'으로 도피하고 싶은 화자의 마음을 담고 있다.

예시 작자 미상, 「청산별곡(靑山別曲)」 중에서

살어리 살어리랏다 청산에 살어리랏다.
머루랑 다래랑 먹고 청산에 살어리랏다.
얄리얄리 얄라셩 얄라리 얄라.

달관적 통달할 達 볼 觀

사소한 일에 집착하지 않고 넓고 멀리 바라봄. 세상의 근심, 걱정 등에서 벗어나 초월한 자세를 보이는 것을 '달관적'이라고 한다. 성혼의 「말 없는 청산이요」는 자연과 더불어 근심 없이 사는 즐거움을 노래함으로써 달관적 태도를 보인다.

예시 성혼, 「말 없는 청산이요」

말 없는 청산(靑山)이요, 모양 없는 유수(流水)로다.
값 없는 청풍(靑風)과 임자 없는 명월(明月)이라.
이 중(中)에 병(病) 없는 이 몸이 분별(分別) 없이 늙으리라.

교과서 필수 단어로 어휘력 키우기

도량 법도 度 헤아릴 量	너그럽게 받아들이고 깊게 이해할 수 있는 마음과 생각. 예 인품이 훌륭하고 ☐☐ 이 넓어 그를 따르는 사람이 많다.
권위 권세 權 위엄 威	• 특별한 능력, 자격, 지위로 남을 이끌어서 따르게 하는 힘. • 어떤 분야에서 사회적으로 인정을 받을 만한 지식, 기술 또는 실력. 예 그분은 인공지능 분야에서 ☐☐ 가 있는 학자이다.
딴전	어떤 일을 하는 데 그 일과는 전혀 관계없는 일이나 행동. 예 그는 묻는 말에 대답하지 않고 ☐☐ 을 피우고 있다.
명분 이름 名 나눌 分	어떤 일을 하기 위해 내세우는 이유나 핑계. 예 공공성을 위한 정책이지만 반대할 ☐☐ 이 필요했다.
명성 이름 名 소리 聲	세상 사람들의 평이 높아 세상에 널리 알려진 이름. 예 한때 그녀는 컴퓨터 전문가로 ☐☐ 을 날렸다.
면목 낯 面 눈 目	• 사람이나 사물의 겉모습. • 남을 대하기에 떳떳한 마음이나 처지. 예 큰 잘못을 하여 그 친구를 볼 ☐☐ 이 없다.
박제 벗길 剝 지을 製	죽은 동물을 썩지 않게 처리하고 그 안에 솜 등을 넣어 원래의 모양대로 만듦. 예 멸종된 동물을 ☐☐ 로나마 볼 수 있었다.
반열 나눌 班 벌일 列	다른 사람이나 조직이 인정하는 높은 지위나 등급. 예 이 영화 덕분에 그는 인기 스타의 ☐☐ 에 올랐다.
발원 필 發 근원 源	• 흐르는 물줄기가 처음 생김. • 사회 현상이나 사상 따위가 맨 처음 생겨남. 예 동학 농민 운동의 ☐☐ 은 전라도 고부군이었다.

사자성어로 어휘력 확장하기

※ 한자를 따라 쓰고 뜻과 음을 쓰세요.

매점매석

買	占	賣	惜
살	점령할	팔	아낄

買	占	賣	惜
살 매	점령할 점	팔 매	아낄 석

물건값이 오를 것을 예상하고 물건을 많이 사두었다가 값이 오른 뒤 다시 팔아 이익을 챙기는 일을 가리킨다.

명실상부

名	實	相	符
이름	열매	서로	부호

名	實	相	符

'이름과 실상이 서로 들어맞는다.'라는 뜻으로, 주로 알려진 사실과 실제 내용이 같을 때 사용하는 사자성어다.

묵묵부답

默	默	不	答
잠잠할	잠잠할	아닐	대답

默	默	不	答

질문에 대해 아무런 대답 없이 침묵을 지키는 것을 가리킨다.

물아일체

物	我	一	體
물건	나	한	몸

物	我	一	體

물체와 자신이 하나가 되는 것. 주로 자연과 자신이 하나가 된다는 뜻으로 쓰이며, 어떤 대상에 완전히 몰입된 상태를 의미한다.

미사여구

美	辭	麗	句
아름다울	말씀	고울	글귀

美	辭	麗	句

내용은 별로 없이 아름다운 말로 그럴듯하게 꾸민 글귀를 가리킨다.

미풍양속

美	風	良	俗
아름다울	바람	어질	풍속

美	風	良	俗

옛날부터 그 사회에 전해 오는 아름답고 좋은 습관을 가리킨다.

실전 문제로 어휘력 완성하기

● 다음 시를 읽고 물음에 답하시오.

> 죽는 날까지 하늘을 우러러
> 한 점 부끄럼이 없기를
> 잎새에 이는 바람에도
> 나는 괴로워했다
> 별을 노래하는 마음으로
> 모든 죽어 가는 것을 사랑해야지
> 그리고 나한테 주어진 길을
> 걸어가야겠다
>
> – 윤동주, 「서시」 중에서

01 이 시에서 대조적 뜻을 의미하는 시어 두 개를 찾아 쓰시오.

　(1) 이상적인 삶의 세계를 상징하는 1음절의 시어

(　　　　　　　　　　)

　(2) 어두운 현실을 상징하는 2음절의 시어　(　　　　　　　　)

● 다음 시를 읽고 물음에 답하시오.

> 남(南)으로 창(窓)을 내겠소.
> 밭이 한참갈이
> 괭이로 파고
> 호미론 김을 매지요.
>
> 구름이 꼬인다 갈 리 있소
> 새 노래는 공으로 들으랴오.
> 강냉이가 익걸랑
> 함께 와 자셔도 좋소
>
> 왜 사냐건
> 웃지요.
>
> – 김상용, 「남으로 창을 내겠소」

02 이 시에서 달관적 태도가 드러난 구절을 3어절로 쓰시오.

(　　　　　　　　　　　)

- 03~05 다음 설명에 맞는 글자를 골라 ①한글과 ②한자로 쓰시오.

聲 소리 성	源 근원 원	列 벌일 열
發 필 발	班 나눌 반	名 이름 명

03 세상 사람들의 평이 높아 세상에 널리 알려진 이름.　　(① 　　　　　), (② 　　　　　)

04 다른 사람이나 조직이 인정하는 높은 지위나 등급.　　(① 　　　　　), (② 　　　　　)

05 사회 현상이나 사상 따위가 맨 처음 생겨남.　　(① 　　　　　), (② 　　　　　)

- 06~08 제시된 초성을 참고하여 다음 예문을 완성하시오.

06 그는 ㄷ ㄹ 이 넓고 인품도 훌륭한 재상이었다.　　(　　　　　)
　　너그럽게 받아들이고 깊게 이해할 수 있는 마음과 생각.

07 전제 국가에서는 임금이 절대적인 ㄱ ㅇ 를 가지고 있었다.　　(　　　　　)
　　특별한 능력, 자격, 지위로 남을 이끌어서 따르게 하는 힘.

08 협상단은 ㅁ ㅂ 과 실리 사이에서 갈등하였다.　　(　　　　　)
　　어떤 일을 하기 위해 내세우는 이유나 핑계.

- 09~11 보기 를 참고하여 내용에 맞는 사자성어를 완성하시오.

보기

상	부	풍	부	양	묵
묵	미	명	답	속	실

09 알려진 사실과 실제의 내용이 서로 들어맞음.　　(　　　　　)

10 어떤 물음에 아무 대답을 하지 않고 침묵을 지킴.　　(　　　　　)

11 옛날부터 그 사회에 전해 오는 아름답고 좋은 습관.　　(　　　　　)

08

제1차시 | 국어 실력 확인 문제

※ 다음 시를 읽고 물음에 답하시오.

> 넓은 벌 동쪽 끝으로
> 옛이야기 지줄대는 실개천이 회돌아 나가고,
> 얼룩백이 황소가
> 해설피 금빛 게으른 울음을 우는 곳,
> 그곳이 차마 꿈엔들 잊힐 리야.
>
> – 정지용, 「향수」 중에서

01 밑줄 친 부분에 드러난 심상은?

① 시각적 심상   ② 청각적 심상
③ 복합 감각 심상   ④ 공감각적 심상

※ 다음 시를 읽고 물음에 답하시오.

> 서리 까마귀 우지짖고 지나가는 초라한 지붕,
> 흐릿한 불빛에 돌아앉아 도란도란거리는 곳.
> —그곳이 차마 꿈엔들 잊힐 리야.
>
> – 정지용, 「향수」 중에서

02 밑줄 친 부분에 드러난 심상은?

① 미각적 심상   ② 후각적 심상
③ 복합 감각 심상   ④ 공감각적 심상

※ 다음 시를 읽고 물음에 답하시오.

> 우물 속에는 달이 밝고 구름이 흐르고 하늘이 펼치고 파아란 바람이 불고 가을이 있고 추억처럼 사나이가 있습니다.
>
> – 윤동주, 「자화상」 중에서

03 밑줄 친 부분에 드러난 심상은?

① 시각적 심상   ② 촉각적 심상
③ 복합적 심상   ④ 공감각적 심상

※ **04~07** 다음 설명에 맞는 단어를 보기 에서 찾아 쓰시오.

> **보기**
>
> 사생   승화   소임   병폐

04 오랜 시간에 걸쳐 생긴 잘못과 그로 인한 피해를 뜻함. (   )

05 어떠한 풍경이나 실물을 있는 그대로 그리는 일. (   )

06 맡은 일이나 책임. (   )

07 어떤 현상이 더 높은 상태로 발전하는 일. (   )

※ **08~10** 다음 설명을 읽고 제시된 초성에 맞는 단어를 쓰시오.

08 조금도 굽히지 않고 제 고집대로 버티어 내는 힘.
     ㅂ ㅅ ☐☐

09 소설에서 앞으로 일어날 사건을 독자에게 넌지시 알려 주는 것.
     ㅂ ㅅ ☐☐

10 어떤 일을 꾸미는 꾀나 방법.   ㅅ ㅊ ☐☐

11 자식이 커서 어버이의 은혜에 보답하는 효성을 뜻하는 사자성어는?

① 배은망덕(背恩忘德)   ② 백년대계(百年大計)
③ 반포지효(反哺之孝)   ④ 박학다식(博學多識)

12 남에게 큰 은혜를 입었을 때 고마운 마음을 뜻하는 사자성어는?

① 백골난망(白骨難忘)   ② 박학다식(博學多識)
③ 배은망덕(背恩忘德)   ④ 백년해로(百年偕老)

시험 빈출 어휘로 국어 개념 잡기

복합 감각 심상

두 개 이상의 감각이 서로 영향을 주는 것이 아니라 단순히 나열된 것이다.

> 흐릿한 불빛에 돌아앉아 도란도란거리는 곳
> 시각적   +   청각적

공감각적 심상
한가지 共 느낄 感 깨달을 覺

공감각이란 무관한 두 개 이상의 감각을 하나의 이미지로 통합하는 것이다. 다시 말해 원래 나타내고자 한 감각을 다른 감각으로 전이(轉移)시켜 표현하는 것을 말한다. '향기로운 님의 말소리'의 경우 표현하려는 대상인 '말소리'는 청각적 심상인데, '향기로운'이라는 후각적 심상을 결합시켜 공감각적 심상으로 표현하였다.

> 분수처럼 흩어지는 푸른 종소리.
> 시각적   청각적

➡ 표현하려는 대상인 종소리는 청각인데 시각적으로 표현함.
→ 청각의 시각화

> 새파란 초생달이 시리다.
> 시각적   촉각적

➡ 표현하려는 대상인 초생달은 시각인데 촉각적으로 표현함.
→ 시각의 촉각화

공감각적 심상은 둘 이상의 다른 감각이 공존해야 하며, 현실적으로 불가능한 표현이다. 공감각적 심상인지 아닌지는 시구를 '주어+서술어'의 평서문으로 바꿔 보면 알 수 있다. 예컨대 '푸른 종소리'를 평서문으로 바꾸면 '종소리가 푸르다.'인데, 종소리는 색으로 표현할 수 없으므로 공감각적 심상이다.

예 · 파아란 바람이 불고 → 촉각의 시각화

    · 향긋한 그녀의 목소리에 → 청각의 후각화

형상화
모양 形 코끼리 象 될 化

형체가 분명하지 않은 것을 구체적이고 명확한 모양으로 표현하는 것을 '형상화'라고 한다. 예를 들어 눈에 보이지 않는 사랑을 시각적으로 형상화한 것이 '하트 모양'이다. 시에서 명확한 형체가 없는 인간의 사상이나 정서를 언어를 이용해서 구체적으로 그려 내는 것이 형상화이다. 윤동주의 「새로운 길」에서 '인생'이라는 추상적 개념을 '길'이라는 구체적 사물로 나타내어 머릿속에서 쉽게 떠올릴 수 있게 형상화하고 있다.

예 내를 건너서 숲으로 ─┐
고개를 넘어서 마을로 ─┘ 시련을 '고개'로 형상화 / 평화를 '마을'로 형상화

어제도 가고 오늘도 갈 ─┐
나의 길 새로운 길 ─┘ 인생을 '길'로 형상화

– 윤동주의 「새로운 길」 중에서

교과서 필수 단어로 어휘력 키우기

뱃심

조금도 굽히지 않고 제 고집대로 버티어 내는 힘.

예 모두가 반대하는 일이지만 그는 [　　] 으로 밀고 나갔다.

병폐
병 病 폐단 弊

오랜 시간에 걸쳐 생긴 잘못과 그로 인한 피해.

예 산업화 사회의 대표적인 [　　] 는 물질 숭배이다.

복선
숨을 伏 줄 線

• 만일의 경우에 대비하여 남모르게 미리 꾸며 놓은 일.
• (소설, 희곡 등에서) 앞으로 일어날 사건을 독자에게 넌지시 알려 주는 것.

예 이 소설에는 비극적 결말을 암시하는 [　　] 이 곳곳에 깔려 있다.

비수
비수 匕 머리 首

날이 매우 날카로운 짧은 칼.

예 그녀의 말은 [　　] 가 되어 그의 가슴에 박혔다.

사생
베낄 寫 날 生

어떠한 풍경이나 실물을 있는 그대로 그리는 일.

예 학교에서 열린 [　　] 대회에서 풍경화를 그려 우수상을 받았다.

소임
바 所 맡길 任

맡은 일이나 책임.

예 할머니는 가족들의 뒷바라지를 평생의 [　　] 으로 여기셨다.

수렵
사냥할 狩 사냥 獵

총이나 그 밖의 도구를 가지고 산이나 들에서 짐승을 잡는 일.

예 이곳은 야생 동물 보호를 위한 [　　] 금지 구역이다.

술책
재주 術 꾀 策

어떤 일을 꾸미는 꾀나 방법.

예 경쟁 회사의 교묘한 [　　] 으로 소유권이 넘어갔다.

슬하
무릎 膝 아래 下

'무릎의 아래'라는 뜻으로, 부모가 자식을 키우고 보살피는 상태를 의미함.

예 그는 [　　] 에 아들 형제만 두었다.

승화
오를 昇 빛날 華

어떤 현상이 더 높은 상태로 발전하는 일.

예 그의 그림은 슬픔을 예술적으로 [　　] 시킨 작품이다.

사자성어로 어휘력 확장하기

※ 한자를 따라 쓰고 뜻과 음을 쓰세요.

박학다식

博	學	多	識
넓을	배울	많을	알

博	學	多	識
넓을 박	배울 학	많을 다	알 식

'학문의 지식이 넓고 아는 것이 많음.'이라는 뜻으로, 학문 또는 지식의 범위가 넓으면서 깊이도 심오한 경우를 말한다.

반포지효

反	哺	之	孝
돌이킬	먹일	갈	효도

反	哺	之	孝

'까마귀 새끼가 자란 뒤에 늙은 어미에게 먹이를 물어다 주는 효성'이라는 뜻으로, 어버이의 은혜를 갚으려는 자식의 지극한 효도를 가리킨다. 비슷한 사자성어로는 '반포보은(反哺報恩)'이 있다.

배은망덕

背	恩	忘	德
등	은혜	잊을	클

背	恩	忘	德

'은혜를 배신하고 베풀어 준 덕을 잊는다.'라는 뜻으로, 남의 은혜에 보답하기는커녕 은혜를 원수로 갚는 것을 가리킨다.

백골난망

白	骨	難	忘
흰	뼈	어려울	잊을

白	骨	難	忘

'죽어서 뼈가 흰 가루가 되더라도 잊지 못한다.'라는 뜻으로, 다른 사람이 베풀어 준 은혜를 결코 잊지 않는 것을 의미한다.

백년대계

百	年	大	計
일백	해	클	셀

百	年	大	計

'백 년 후까지의 큰 계획'이라는 뜻으로, 먼 앞날까지 미리 내다보고 세우는 크고 중요한 계획을 가리킨다.

백년해로

百	年	偕	老
일백	해	함께	늙을

百	年	偕	老

'백 년 동안 함께 살아간다.'라는 뜻으로, 부부가 되어 한평생을 사이좋게 지내고 즐겁게 함께 늙어 가는 것을 일컫는다.

실전 문제로 어휘력 완성하기

01 둘 이상의 감각이 결합되어 표현하려는 대상을 다른 감각으로 전이시켜 표현하는 심상은?

( ) 심상

02 두 개 이상의 감각이 서로 영향을 주는 것이 아니라 단순히 나열하여 표현하는 심상은?

( ) 심상

03 제시된 시구가 복합 감각인지 공감각적 심상인지 구분하고, 사용된 심상 2개를 보기 와 같이 쓰시오.

보기

- 하얀 종이 위 달콤한 사탕 → (복합 감각, 시각적 + 미각적)
- 새파란 초생달이 시리다 → (공감각, 시각의 촉각화)

(1) 해설피 금빛 게으른 울음을 우는 곳 (정지용, 「향수」 중에서)

→ (,)

(2) 먼 산이 이마에 차라. (정지용, 「춘설」 중에서)

→ (,)

(3) 뜰에는 반짝이는 금모래빛 / 뒷문 밖에는 갈잎의 노래 (김소월, 「엄마야 누나야」 중에서)

→ (,)

(4) 흰 옷고름 절로 향기로워라. (정지용, 「춘설」 중에서)

→ (,)

(5) 물소리에 / 이가 시리다. (정지용, 「조찬」 중에서)

→ (,)

(6) 붉은 잎 잎 / 소란히 밟고 간다 (정지용, 「비」 중에서)

→ (,)

(7) 부르는 소리는 비껴가지만 (김소월, 「초혼」 중에서)

→ (,)

09

● 04~06 다음 설명에 맞는 글자를 골라 ①한글과 ②한자로 쓰시오.

下	膝	弊
아래 하	무릎 슬	폐단 폐
寫	病	生
베낄 사	병 병	날 생

04 오랜 시간에 걸쳐 생긴 잘못과 그로 인한 피해.　　　(① 　　　　　), (② 　　　　　)

05 어떠한 풍경이나 실물을 있는 그대로 그리는 일.　　　(① 　　　　　), (② 　　　　　)

06 무릎의 아래라는 뜻으로, 부모가 자식을 키우고 보살피는 것.

　　　　　　　　　　　　　　　　　　　　　　　　(① 　　　　　), (② 　　　　　)

● 07~09 제시된 초성을 참고하여 다음 예문을 완성하시오.

07 감독이 영화 곳곳에 숨겨둔 ㅂㅅ 을 알아가는 과정이 재미있다.　　　(　　　　　)
　　　앞으로 일어날 사건을 미리 독자에게 넌지시 알려 주는 것.

08 그는 이번 작전에서 막중한 ㅅㅇ 을 맡았다.　　　　　　　　　　　(　　　　　)
　　　맡은 일이나 책임.

09 그의 말과 행동은 속이 빤히 들여다보이는 ㅅㅊ 이다.　　　　　　(　　　　　)
　　　어떤 일을 꾸미는 꾀나 방법.

● 10~12 보기 를 참고하여 내용에 맞는 사자성어를 완성하시오.

보기

다	백	지	박	계	효
학	대	포	반	년	식

10 학문의 지식이 넓고 아는 것이 많음.　　　　　　　　　　　　　(　　　　　)

11 먼 앞날까지 내다보고 먼 뒷날까지 걸쳐 세우는 큰 계획.　　　　(　　　　　)

12 자식이 자란 후에 어버이의 은혜를 갚는 효성을 이르는 말.　　　(　　　　　)

제1차시

국어 실력 확인 문제

※ 다음 시를 읽고 물음에 답하시오.

> 남(南)으로 창(窓)을 내겠소.
> 밭이 한참갈이
> 괭이로 파고
> 호미론 김을 매지요.
>
> – 김상용, 「남으로 창을 내겠소」 중에서

01 이 시에서 두드러지게 나타나는 성격은?

① 고백적　　② 명상적
③ 목가적　　④ 대조적

※ 다음 시를 읽고 물음에 답하시오.

> 세상에 만족이 있기는 있지마는, 사람의 앞에만 있다.
> 거리는 사람의 팔 길이와 같고, 속력은 사람의 걸음과 비례가 된다.
> 만족은 잡으려야 잡을 수도 없고, 버리려야 버릴 수도 없다.
>
> 만족을 얻고 보면 얻은 것은 불만족이요, 만족은 의연히 앞에 있다.
> 만족은 우자(愚者)나 성자(聖者)의 주관적 소유가 아니면, 약자의 기대뿐이다.
>
> – 한용운, 「만족」 중에서

02 이 시에서 두드러지게 나타나는 성격은?

① 달관적　　② 명상적
③ 목가적　　④ 대조적

※ **03~06** 다음의 뜻에 맞는 단어를 보기 에서 찾아 쓰시오.

보기

여념　　양상　　양산　　영욕

03 사물이나 현상의 모양이나 상태를 의미함.
(　　　　　)

04 많이 만들어 냄.　　(　　　　　)

05 어떤 일에 대하여 생각하고 있는 것 이외의 다른 생각.　　(　　　　　)

06 세월의 흐름에 따라 서로 이어진 영광과 치욕을 뜻함.　　(　　　　　)

※ **07~10** 다음 설명을 읽고 제시된 초성에 맞는 단어를 쓰시오.

07 연극에서, 무대를 어둡게 한 상태에서 무대 장치나 장면을 바꾸는 일.

ㅇ ㅈ □□

08 여행의 과정이나 일정을 의미함.　ㅇ ㅈ □□

09 무릎의 구부러지는 오목한 안쪽 부분을 뜻함.

ㅇ ㄱ □□

10 그 당시에 일어난 여러 가지 사회적 사건.

ㅅ ㅅ □□

11 자기 생각이나 주장 없이 남의 의견에 따라서 움직이는 것을 가리키는 사자성어는?

① 백의종군(白衣從軍)　② 부화뇌동(附和雷同)
③ 분골쇄신(粉骨碎身)　④ 비분강개(悲憤慷慨)

12 슬프고 분한 느낌이 마음속에 가득 차 있음을 뜻하는 사자성어는?

① 비분강개(悲憤慷慨)　② 분골쇄신(粉骨碎身)
③ 부화뇌동(附和雷同)　④ 비일비재(非一非再)

시험 빈출 어휘로 국어 개념 잡기

독백적 홀로 獨 흰 白

청자를 의식하지 않은 채 혼자서 중얼거리는 느낌으로 말한다는 뜻이다. 정지용의 「그의 반」과 같이 듣는 대상이 특별히 정해지지 않고 혼잣말처럼 표현된 시에서 느낄 수 있다.

예시 정지용, 「그의 반」 중에서

내 무엇이라 이름하리 그를?
나의 영혼안의 고운 불,
공손한 이마에 비추는 달,

명상적 감을 瞑 생각 想

깊은 생각을 통해 정신의 맑고 순수한 상태가 드러난다는 뜻이다. 한용운의 「만족」은 인생과 만족은 나란히 마주 서 있는 평행의 관계라서 잡을 수 없고 버릴 수도 없으므로 욕심을 버려야 비로소 만족할 수 있다는 명상적 메시지를 전한다.

예시 한용운, 「만족」 중에서

세상에 만족이 있기는 있지마는, 사람의 앞에만 있다.
거리는 사람의 팔 길이와 같고, 속력은 사람의 걸음과 비례가 된다.
만족은 잡으려야 잡을 수도 없고, 버리려야 버릴 수도 없다.

만족을 얻고 보면 얻은 것은 불만족이요, 만족은 의연히 앞에 있다.
만족은 우자(愚者)나 성자(聖者)의 주관적 소유가 아니면, 약자의 기대뿐이다.

목가적 기르다 牧 노래 歌

전원(田園)의 분위기처럼 평화롭고 고즈넉한 분위기를 '목가적'이라고 한다. 예시와 같이 한가롭고 여유로운 전원의 생활을 주제로 한 시에서 느껴진다.

예시 김상용, 「남으로 창을 내겠소」 중에서

남(南)으로 창(窓)을 내겠소.
밭이 한참갈이
괭이로 파고
호미론 김을 매지요.

묘사적 그릴 描 베낄 寫

있는 그대로의 모습을 그림 그린 듯이 자세히 보여주는 것을 의미한다. 정지용의 「향수」에서는 선명한 감각적 심상으로 고향의 모습을 생생하게 묘사하고 있다.

예시 정지용, 「향수」 중에서

넓은 벌 동쪽 끝으로
옛이야기 지줄대는 실개천이 회돌아 나가고,
얼룩백이 황소가
해설피 금빛 게으른 울음을 우는 곳.

교과서 필수 단어로 어휘력 키우기

| 시사
때 時 일 事 | 그 당시에 일어난 여러 가지 사회적 사건.
예 그는 오랜 기자 생활의 경험으로 [　][　]에 매우 밝다. |

시사
때 時 일 事

그 당시에 일어난 여러 가지 사회적 사건.

예 그는 오랜 기자 생활의 경험으로 [　][　]에 매우 밝다.

신명

몹시 신나고 흥겨운 기분이나 감정.

예 사물놀이 공연에 [　][　]이 나서 어깨춤을 추었다.

암전
어두울 暗 구를 轉

연극에서, 무대를 어둡게 한 상태에서 무대 장치나 장면을 바꾸는 일.

예 배우들은 [　][　]되는 동안 무대 의상을 갈아입습니다.

양상
모양 樣 서로 相

사물이나 현상의 모양이나 상태.

예 상대 후보의 폭로로 선거는 새로운 [　][　]으로 전개되었다.

양산
헤아릴 量 낳을 産

많이 만들어 냄.

예 기업들의 대규모 정리 해고로 수많은 실업자가 [　][　]되었다.

여념
남을 餘 생각 念

어떤 일에 대하여 생각하고 있는 것 이외의 다른 생각.

예 그들은 마지막 과제를 준비하느라 [　][　]이 없었다.

여정
나그네 旅 한도 程

여행의 과정이나 일정.

예 그녀는 일주일 [　][　]으로 터키를 둘러보았다.

영감
신령 靈 느낄 感

창조적인 활동과 관련한 기발하고 좋은 생각.

예 사랑하는 연인에게 [　][　]을 받아 완성한 작품이다.

영욕
영화 榮 욕될 辱

세월의 흐름에 따라 서로 이어진 영광과 치욕을 아울러 이르는 말.

예 경복궁은 조선 왕조의 애환과 [　][　]이 서려 있는 곳이다.

오금

무릎의 구부러지는 오목한 안쪽 부분.

예 너무 오래 쪼그리고 앉아 있어서 [　][　]이 저렸다.

사자성어로 어휘력 확장하기

※ 한자를 따라 쓰고 뜻과 음을 쓰세요.

백의종군

白	衣	從	軍
흰	옷	좇을	군사

白	衣	從	軍
흰 백	옷 의	좇을 종	군사 군

'흰옷을 입고 군대를 따라간다.'라는 뜻으로, 계급이나 권한이 없는 평민의 신분으로 전쟁터에 뛰어드는 것을 말한다. 조선 시대에는 계급에 따라 다른 색의 옷을 입었는데, 가장 낮은 병사가 흰옷을 입었다. 관직이나 직책에 관계없이 열심히 일하겠다는 결심을 드러낼 때 쓰는 표현이다.

백전노장

百	戰	老	將
일백	싸움	늙을	장수

百	戰	老	將

'많은 전투를 치른 노련한 장수'라는 뜻으로, 온갖 어려운 일을 많이 겪은 노련한 사람을 비유하는 말이다.

부화뇌동

附	和	雷	同
붙을	화할	우레	한가지

附	和	雷	同

'우레 소리에 맞춰 함께한다.'라는 뜻으로, 자기 생각이나 주장 없이 남의 의견에 따라 움직이는 것을 가리킨다.

분골쇄신

粉	骨	碎	身
가루	뼈	부술	몸

粉	骨	碎	身

'뼈가 가루가 되고 몸이 부서진다.'라는 뜻으로, 자기 몸을 돌보지 않고 자신이 가진 모든 힘을 다하여 노력하는 것을 일컫는다.

비분강개

悲	憤	慷	慨
슬플	분할	강개할	슬퍼할

悲	憤	慷	慨

'슬프고 분하여 노여움이 북받친다.'라는 뜻으로, 정의롭지 못한 일을 보았을 때 슬프고 분한 느낌이 마음속에 가득 차는 것을 가리킨다.

비일비재

非	一	非	再
아닐	한	아닐	두

非	一	非	再

'하나도 아니요, 둘도 아니다.'라는 뜻으로, 어떤 현상이나 일이 한두 번이 아니라 흔하게 자주 있음을 가리킨다.

10

실전 문제로 어휘력 완성하기

● 다음 시를 읽고 물음에 답하시오.

> 내 고장 칠월은
> 청포도가 익어 가는 시절.
>
> 이 마을 전설이 주저리주저리 열리고,
> 먼 데 하늘이 꿈꾸며 알알이 들어와 박혀,
>
> — 이육사, 「청포도」 중에서

01 이 시처럼 평화롭고 고즈넉한 풍경에서 느껴지는 분위기는?

(   )

● 다음 시를 읽고 물음에 답하시오.

> 꽃도 없는 깊은 나무에 푸른 이끼를 거쳐서 옛 탑(塔) 위의 고요
> 한 하늘을 스치는 알 수 없는 향기는 누구의 입김입니까.
> 근원은 알지도 못할 곳에서 나서 돌부리를 울리고 가늘게 흐르는
> 작은 시내는 굽이굽이 누구의 노래입니까.
> — 한용운, 「알 수 없어요」 중에서

02 이 시의 성격으로 가장 적절한 것은?

① 독백적   ② 도피적   ③ 명상적   ④ 단정적   ⑤ 묘사적

● 다음 시를 읽고 물음에 답하시오.

> 내 무엇이라 이름하리 그를?
> 나의 영혼 안의 고운 불,
> 공손한 이마에 비추는 달,
> 나의 눈보다 값진 이,
> — 정지용, 「그의 반」 중에서

03 이 시의 성격으로 가장 적절한 것은?

① 독백적   ② 도피적   ③ 관조적   ④ 단정적   ⑤ 묘사적

● 04~06 다음 설명에 맞는 글자를 골라 ①한글과 ②한자로 쓰시오.

辱	念	轉	暗	餘	榮
욕될 욕	생각 념	구를 전	어두울 암	남을 여	영화 영

04 연극에서 무대를 어둡게 한 상태에서 무대 장치나 장면을 바꾸는 일.

(①   ), (②   )

05 세월의 흐름에 따라 서로 이어진 영광과 치욕을 아울러 이르는 말.

(①   ), (②   )

06 어떤 일에 대하여 생각하고 있는 것 이외의 다른 생각. (①   ), (②   )

● 07~09 제시된 초성을 참고하여 다음 예문을 완성하시오.

07 마을 축제에서 풍악을 울리며 ㅅ ㅁ 나게 놀았다. (   )
몹시 신나고 흥겨운 기분이나 감정.

08 현대 사회로 오면서 삶의 ㅇ ㅅ 이 많이 변해 왔다. (   )
사물이나 현상의 모양이나 상태.

09 이 음악을 들을 때마다 번뜩이는 ㅇ ㄱ 이 떠올랐다. (   )
창조적인 활동과 관련한 기발하고 좋은 생각.

● 10~12 보기 를 참고하여 내용에 맞는 사자성어를 완성하시오.

보기

동	쇄	뇌	비	일	분
신	비	골	부	재	화

10 자기 생각이나 주장 없이 남의 의견에 따라서 움직임. (   )

11 자기 몸을 돌보지 않고 지극한 정성으로 있는 힘을 다함. (   )

12 어떤 현상이나 일이 한두 번이 아니라 흔하게 자주 있음. (   )

10

국어 실력 확인 문제

제1차시

※ **01~04** 다음의 뜻에 맞는 단어를 보기에서 찾아 쓰시오.

보기

서정시   정형시   서사시   산문시

01 글자의 수와 배열의 순서, 운율 등 일정한 형식과 규칙을 따르는 시의 종류는? (   )

02 행 구분이 없이 줄글로 된 시로 주로 서정적인 내용을 자유롭게 표현한 시의 종류는?
(   )

03 개인의 감정이나 정서를 주관적으로 표현한 시의 종류는? (   )

04 자연이나 사물의 창조, 신의 업적, 영웅의 전기 등을 주제로 하는 이야기 형식의 시는?
(   )

※ 다음 시를 읽고 물음에 답하시오.

산중(山中)에 책력(冊曆)도 없이
삼동(三冬)이 하이얗다.

– 정지용, 「인동차」 중에서

05 이 시에서는 의미를 강조하기 위해 '하얗다'를 '하이얗다'로 표현했다. 이처럼 시에서 맞춤법을 비롯한 언어 규범에 의도적으로 어긋나게 표현하는 것을 일컫는 말은?
(   )

※ **06~09** 다음의 뜻에 맞는 단어를 보기에서 찾아 쓰시오.

보기

철칙   위신   위력   의향

06 상대방을 눌러 꼼짝 못 하게 할 만큼 매우 강력한 힘.
(   )

07 남의 존경과 믿음을 받을 만한 지위나 태도를 의미함. (   )

08 마음이 끌리는 방향이나 어떤 일을 하려는 생각.
(   )

09 바꾸거나 어길 수 없는 중요한 원칙을 뜻함.
(   )

※ **10~13** 다음 설명을 읽고 제시된 초성에 맞는 단어를 쓰시오.

10 뜻밖에 얻는 행운.

ㅇ ㅎ □□

11 예상하지 못한 사태나 별나고 괴상한 재앙이나 사고.

ㅇ ㅂ □□

12 세상에 널리 알려지지 아니한 흥미 있는 이야기.

ㅇ ㅎ □□

13 즐겁게 놀며 장난함. 또는 그런 행위.

ㅇ ㅎ □□

14 '모든 일은 반드시 바른길로 돌아가게 마련'이라는 뜻의 사자성어는?

① 사면초가(四面楚歌)   ② 사필귀정(事必歸正)
③ 새옹지마(塞翁之馬)   ④ 설왕설래(說往說來)

15 난처한 일이나 불행한 일이 잇따라 일어날 때 사용하는 사자성어는?

① 설상가상(雪上加霜)   ② 수수방관(袖手傍觀)
③ 사면초가(四面楚歌)   ④ 새옹지마(塞翁之馬)

시험 빈출 어휘로 국어 개념 잡기

정형시 정할 定 모형 型	일정한 형식과 규칙에 맞춰 지은 시. 글자의 수와 배열의 순서, 운율 등이 일정하게 정해져 있는 시이며, 시조가 대표적이다.
자유시 스스로 自 말미암을 由	정해진 형식이나 운율에 구애받지 않고 자유로운 형식으로 이루어진 시로, 대부분의 현대시가 자유시이다.

산문시 흩을 散 문장 文	행 구분이 없어 줄글로 된 시로 서정적인 내용을 산문 형식으로 표현한 시이다.	예시 **윤동주, 「소년」 중에서** 여기저기서 단풍잎 같은 슬픈 가을이 뚝뚝 떨어진다. 단풍잎 떨어져 나온 자리마다 봄을 마련 해 놓고 나뭇가지 우에 하늘이 펼쳐있다.
서사시 펼 敍 일 事	자연이나 사물의 창조, 신의 업적, 영웅의 전기 등을 주제로 하는 이야기 형식의 시를 말한다.	예시 **김동환, 「국경의 밤」 중에서** 마지막 가는 병자의 부르짖음 같은 애초로운 바람 소리에 싸이어 어디서 "땅" 하는 소리 밤하늘을 짼다.
서정시 풀 抒 뜻 情	개인의 감정이나 정서를 주관적으로 표현한 시이다. 대부분의 현대시가 서정시에 속한다.	
시적 허용 시 詩 과녁 的 허락할 許 얼굴 容	시에서는 운율적 효과나 화자의 정서를 강조하기 위해 맞춤법이나 띄어쓰기에서 일부러 기존의 문법적 질서에서 벗어난 표현을 쓰는데, 이것을 '시적 허용'이라고 한다. 예를 들어 시의 운율을 살리기 위해 '노란'을 '노오란'이라고 쓰면 시적 허용이 된다. 정지용의 「인동차」에서는 의미를 강조하기 위해 '하얗다'를 '하이얗다'로 표현하였다.	예시 **정지용, 「인동차」 중에서** 흙냄새 훈훈히 김도 서리다가 바깥 풍설 소리에 잠착하다. 산중(山中)에 책력(冊曆)도 없이 삼동(三冬)이 하이얗다.
색채어 빛 色 채색 彩 말씀 語	'색채'와 '색채어'라는 단어는 서로 다르게 사용된다. 색채는 색깔의 이름을 말하지 않고 어떤 색이 연상되는 사물만 언급해도 색채라고 한다. 반면 '색채어'는 반드시 색깔의 이름이 들어가야 한다. 예를 들어, '바다'라는 단어는 파란색이 연상되므로 파란색을 가진 '색채'이다. 반면 '파랗게 물든 바다'의 경우 색을 직접 표현한 '파랗게'는 색채어가 된다. 예 ・어둠 = 색채(검은색이 연상됨)　　・검은빛 = 색채어	

교과서 필수 단어로 어휘력 키우기

외지
바깥 外 땅 地

자기가 사는 곳 바깥의 동네나 지역.

(예) 옆집은 [   ] 에서 이 년 전에 이사 온 가족이다.

요행
돌 徼 다행 幸

뜻밖에 얻는 행운.

(예) 그는 [   ] 을 바라고 공부를 열심히 하지 않았다.

위력
위엄 威 힘 力

상대방을 눌러 꼼짝 못 하게 할 만큼 매우 강력한 힘.

(예) 대자연의 [   ] 앞에서 인간은 연약한 존재이다.

위신
위엄 威 믿을 信

남의 존경과 믿음을 받을 만한 지위나 태도.

(예) 사업 비리가 밝혀지자 회장의 [   ] 은 땅에 떨어졌다.

유희
놀 遊 놀이 戲

즐겁게 놀며 장난함.

(예) 명절에 즐기는 가장 대표적인 전통 [   ] 로는 윷놀이가 있다.

의향
뜻 意 향할 向

마음이 끌리는 방향이나 어떤 일을 하려는 생각.

(예) 우리 회사와 함께 일할 [   ] 이 있다면 연락 주세요.

이변
다를 異 변할 變

예상하지 못한 사태나 별나고 괴상한 재앙이나 사고.

(예) 강력한 우승 후보들이 모두 떨어지는 [   ] 이 일어났다.

일관
한 一 꿸 貫

하나의 방법이나 태도로써 처음부터 끝까지 한결같음.

(예) 그의 [   ] 성 있는 태도에 신뢰감이 생겼다.

일화
편안할 逸 말씀 話

세상에 널리 알려지지 아니한 흥미 있는 이야기.

(예) 선생님께서는 어린 시절 재미있는 [   ] 들을 자주 들려주셨다.

철칙
쇠 鐵 법칙 則

바꾸거나 어길 수 없는 중요한 원칙.

(예) 우리 학교는 기숙사 생활을 [   ] 으로 내세우고 있다.

사자성어로 어휘력 확장하기

※ 한자를 따라 쓰고 뜻과 음을 쓰세요.

사면초가

四	面	楚	歌
넉	낯	초나라	노래

四	面	楚	歌
넉 사	낯 면	초나라 초	노래 가

'사방에서 들리는 초나라의 노래'라는 뜻이다. 초나라 항우가 사면을 둘러싼 한나라 군사 쪽에서 들려오는 초나라 노래를 듣고 초나라 군사가 이미 항복한 줄 알고 절망했다는 데서 유래했다. 아무에게도 도움을 받지 못하는, 외롭고 곤란한 지경에 빠진 형편을 가리킨다.

사필귀정

事	必	歸	正
일	반드시	돌아갈	바를

'무슨 일이든 반드시 옳은 이치대로 돌아간다.'라는 뜻이다. 올바르지 못한 것이 잠시 이기는 듯 보이지만 결국 오래가지 못하고, 마침내 올바른 것이 이기게 됨을 일컫는다.

새옹지마

塞	翁	之	馬
변방	늙은이	갈	말

'변방 노인의 말'이라는 뜻으로, 좋은 일이 다시 나쁜 일이 될 수도 있고 나쁜 일이 다시 좋은 일이 될 수도 있어 인생은 예측하기 어려움을 가리킨다.

설상가상

雪	上	加	霜
눈	윗	더할	서리

'눈 위에 또 서리가 내린다.'라는 뜻으로, 난처한 일이나 불행한 일이 잇따라 일어남을 일컫는다.

설왕설래

說	往	說	來
말씀	갈	말씀	올

'말이 왔다 갔다 한다.'라는 뜻으로, 의견이나 입장이 달라서 말로 옥신각신하는 모습을 일컫는다.

수수방관

袖	手	傍	觀
소매	손	곁	볼

'팔짱을 끼고 가만히 지켜본다.'라는 뜻으로, 어떤 일에 관여하거나 거들지 않고 그대로 내버려두는 것을 가리킨다.

실전 문제로 어휘력 완성하기

● **01~02** 다음 시를 읽고 물음에 답하시오.

> 산모퉁이를 돌아 논가 외딴 우물을 홀로 찾아가선 가만히 들여다
> 봅니다.
>
> 우물 속에는 달이 밝고 구름이 흐르고 하늘이 펼치고 파아란 바
> 람이 불고 가을이 있습니다.
>
>   – 윤동주, 「자화상」 중에서

01 운율적 효과나 화자의 정서를 강조하기 위해 맞춤법 또는 띄어쓰기에 어긋나게 표현하는 것은?

   (   )

02 이 시에서 **01**의 답이 적용된 시어를 찾아 쓰시오.

   (   )

● **03~04** 다음 시를 읽고 물음에 답하시오.

> 동방은 하늘도 다 끝나고
> 비 한 방울 나리잖는 그 땅에도
> 오히려 꽃은 빨갛게 피지 않는가.
> 내 목숨을 꾸며 쉬임 없는 날이여
>
> 북쪽 툰드라에도 찬 새벽은
> 눈 속 깊이 꽃맹아리가 옴작거려
> 제비 떼 까맣게 날아오길 기다리나니
> 마침내 저버리지 못할 약속이여!
>
>   – 이육사, 「꽃」 중에서

03 이 시처럼 정해진 형식이나 운율에 구애받지 않고 자유로운 형식인 시의 종류는?

   (   )

04 이 시에서 시각적 심상을 강조하고 밝고 희망찬 분위기를 형성하는 색채어 2개를 찾아 쓰시오.

   (   ), (   )

● 05~07 다음 설명에 맞는 글자를 골라 ①한글과 ②한자로 쓰시오.

威	異	向	意	變	信
위엄 위	다를 이	향할 향	뜻 의	변할 변	믿을 신

05 남의 존경과 믿음을 받을 만한 지위나 태도.　　　　(①　　　　　), (②　　　　　)

06 마음이 끌리는 방향이나 어떤 일을 하려는 생각.　　　　(①　　　　　), (②　　　　　)

07 예상하지 못한 사태나 별나고 괴상한 재앙이나 사고.　　(①　　　　　), (②　　　　　)

● 08~10 제시된 초성을 참고하여 다음 예문을 완성하시오.

08 그는 [ㅇ][ㅎ]을 바라고 매주 복권을 샀다.　　　　　　（　　　　　　）
　　　뜻밖에 얻는 행운.

09 이 바위에 얽힌 감동적인 [ㅇ][ㅎ]가 전해지고 있다.　　（　　　　　　）
　　　　　　　　세상에 널리 알려지지 아니한 흥미 있는 이야기.

10 아버지는 근면과 정직을 [ㅊ][ㅊ]으로 삼으셨다.　　　（　　　　　　）
　　　　　　　　바꾸거나 어길 수 없는 중요한 원칙.

● 11~13 보기 를 참고하여 내용에 맞는 사자성어를 완성하시오.

보기

지	설	정	필	설	사
귀	옹	왕	래	마	새

11 좋은 일이 나쁜 일이 되고, 나쁜 일이 다시 좋은 일이 될 수 있음.　（　　　　　　）

12 모든 일은 반드시 바른길로 돌아가게 마련임.　　　　　　　　　（　　　　　　）

13 서로 말을 주고받으며 누가 옳고 그름을 따지느라고 말로 옥신각신함.（　　　　　　）

제1차시

국어 실력 확인 문제

※ 다음 시를 읽고 물음에 답하시오.

> 나는 온몸에 햇살을 받고
> 푸른 하늘 푸른 들이 맞붙은 곳으로
> 가르마 같은 논길을 따라 꿈속을 가듯 걸어만 간다.
>
> 입술을 다문 하늘아 들아
> 내 맘에는 나 혼자 온 것 같지를 않구나
> 네가 끌었느냐 누가 부르더냐 답답워라 말을 해 다오.
>
> – 이상화, 「빼앗긴 들에도 봄은 오는가」 중에서

01 밑줄 친 부분에서 두드러지게 나타나는 성격은?

① 민요적 　　② 몽환적
③ 목가적 　　④ 향토적

※ 다음 시를 읽고 물음에 답하시오.

> 먼 훗날 당신이 찾으시면
> 그때에 내 말이 "잊었노라."
>
> 당신이 속으로 나무라면
> "무척 그리다가 잊었노라."
>
> – 김소월, 「먼 후일」 중에서

02 이 시에서 두드러지게 나타나는 성격은?

① 달관적 　　② 반성적
③ 반어적 　　④ 대조적

※ **03~06** 다음 설명에 맞는 단어를 **보기**에서 찾아 쓰시오.

보기

취지 　지략 　폐단 　추호

03 매우 적은 것을 비유하는 말. (　　　)

04 어떤 일의 근본이 되는 목적이나 매우 중요한 뜻.
(　　　)

05 어떤 일이나 행동을 할 때 나타나는 좋지 않은 일이나 현상을 뜻함. (　　　)

06 어떤 문제를 날카롭게 분석하여 해결책을 세우는 뛰어난 능력이나 방법. (　　　)

※ **07~10** 다음 설명을 읽고 제시된 초성에 맞는 단어를 쓰시오.

07 어떤 현상이 일정한 방향으로 나아가는 경향.

ㅊ ㅅ ☐☐

08 신념이나 원칙 등을 굽히지 않고 굳게 지키는 태도.

ㅈ ㄱ ☐☐

09 일을 지나치게 빨리 서둘러서 어설프고 서투름.

ㅈ ㅅ ☐☐

10 몹시 빠르고 거세게 부는 바람. ㅈ ㅍ ☐☐

11 자기의 몸과 마음을 닦아 수양하고 집안을 잘 이끌어 간다는 뜻의 사자성어는?

① 시종일관(始終一貫) 　② 시시비비(是是非非)
③ 신출귀몰(神出鬼沒) 　④ 수신제가(修身齊家)

12 아주 친밀하여 떨어질 수 없는 사이를 비유할 때 사용하는 사자성어는?

① 시시비비(是是非非) 　② 신출귀몰(神出鬼沒)
③ 수어지교(水魚之交) 　④ 승승장구(乘勝長驅)

시험 빈출 어휘로 국어 개념 잡기

민요적 백성 民 노래 謠

민요의 특성을 가진 것을 말함. 고려가요나 고전 시가처럼 전통적인 가락이 느껴지는 것을 민요적이라고 한다. 김소월의 「진달래꽃」처럼 3음보의 율격을 가진 시에서 느껴진다.

예시 김소월, 「진달래꽃」 중에서

나보기가 ∨ 역겨워 ∨ 가실 때에는 ∨
① ② ③
말없이 ∨ 고이 보내 ∨ 드리우리다
① ② ③

몽환적 꿈 夢 헛보일 幻

현실이 아닌 꿈이나 환상 따위가 갖는 분위기가 느껴지는 것. 이상화의 「빼앗긴 들에도 봄은 오는가」 2연에서는 아름다운 봄 경치에 도취된 모습을 마치 꿈속을 걷는 것처럼 몽환적으로 표현하고 있다.

예시 이상화, 「빼앗긴 들에도 봄은 오는가」 중에서

지금은 남의 땅, 빼앗긴 들에도 봄은 오는가?

나는 온몸에 햇살을 받고
푸른 하늘 푸른 들이 맞붙은 곳으로
가르마 같은 논길을 따라 꿈속을 가듯 걸어만 간다.

반성적 돌이킬 反 살필 省

지난 과정이나 현재 상태에 잘못이나 부족함이 없는지 깊이 생각해 보는 것. 윤동주의 「쉽게 씌어진 시」는 암울한 현실 속에서 시가 쉽게 쓰이는 것을 부끄러워하는 자기반성을 담고 있다.

예시 윤동주, 「쉽게 씌어진 시」 중에서

인생은 살기 어렵다는데
시가 이렇게 쉽게 씌어지는 것은
부끄러운 일이다.

반어적 돌이킬 反 말씀 語

표현의 효과를 높이기 위하여 실제와 반대되게 말을 하는 것. 김소월의 「먼 후일」은 각 연에 반복적으로 "잊었노라"를 사용하여 임을 절대 잊지 않았다는 것을 반어적으로 보여 준다.

예시 김소월, 「먼 후일」 중에서

먼 훗날 당신이 찾으시면
그때에 내 말이 "잊었노라."

당신이 속으로 나무라면
"무척 그리다가 잊었노라."

교과서 필수 단어로 어휘력 키우기

종적 발자취 蹤 발자취 跡	• 없어지거나 떠난 뒤에 남는 흔적이나 모습. • 돌아가신 분이 평생 동안 한 일이나 업적. 예 그 사건 이후 그는 어디론가 ☐☐ 을 감추었다.
지략 슬기 智 간략할 略	어떤 문제를 날카롭게 분석하여 해결책을 세우는 뛰어난 능력이나 방법. 예 이순신은 탁월한 ☐☐ 을 가진 장군으로 알려져 있다.
질풍 병 疾 바람 風	몹시 빠르고 거세게 부는 바람. 예 그의 차는 ☐☐ 같이 내달려서 다른 차들을 추월했다.
추세 달아날 趨 형세 勢	어떤 현상이 일정한 방향으로 나아가는 경향. 예 올해 들어 수출은 계속 증가 ☐☐ 를 보이고 있다.
추호 가을 秋 터럭 毫	'새로 돋아난 짐승의 가는 털'이라는 뜻으로, 매우 적은 것을 비유하는 말. 예 다시 예전으로 돌아갈 생각은 ☐☐ 도 없습니다.
취지 뜻 趣 뜻 旨	어떤 일의 근본이 되는 목적이나 매우 중요한 뜻. 예 이번 전시회는 나눔이라는 ☐☐ 를 살려 수익금을 전액 기부한다.
폐단 폐단 弊 끝 端	어떤 행동이나 일에서 나타나는 부정적인 현상이나 해로운 요소. 예 교육부는 입시 비리의 ☐☐ 을 없애는 데 앞장서야 한다.
폐해 폐단 弊 해할 害	어떤 일이나 행동에서 나타나는 나쁜 현상 때문에 생기는 해로움. 예 편리한 기술의 발전은 생태계 파괴와 같은 ☐☐ 를 가져온다.
절개 마디 節 대개 槪	신념이나 원칙 등을 굽히지 않고 굳게 지키는 태도. 예 그는 갖은 협박과 회유에도 굴하지 않고 ☐☐ 를 지켰다.
졸속 옹졸할 拙 빠를 速	일을 지나치게 빨리 서둘러서 어설프고 서투름. 예 검찰은 여론을 무시하고 사건을 ☐☐ 으로 처리해 버렸다.

사자성어로 어휘력 확장하기

※ 한자를 따라 쓰고 뜻과 음을 쓰세요.

수신제가

修	身	齊	家
닦을	몸	가지런할	집

修	身	齊	家
닦을 수	몸 신	가지런할 제	집 가

'자기 몸을 닦고 집안을 가지런히 한다.'라는 뜻으로, 자기 수양을 하고 가정을 평안하게 하고 세상에 나가야 뜻을 펼칠 수 있다.

수어지교

水	魚	之	交
물	물고기	갈	사귈

水	魚	之	交

'물고기와 물의 관계'라는 뜻으로, 아주 친밀하여 떨어질 수 없는 사이를 비유적으로 이르는 말이다.

승승장구

乘	勝	長	驅
탈	이길	길	몰

乘	勝	長	驅

'승리의 기세를 타고 멀리 계속 말을 몰고 나간다.'라는 뜻으로, 싸움이나 경쟁에서 이긴 기세를 타고 나아가며 계속 이기는 것을 가리킨다.

시시비비

是	是	非	非
이	이	아닐	아닐

是	是	非	非

'옳은 것과 아닌 것'이라는 뜻으로, 옳은 것은 옳고 그른 것은 그르다고 판단하는 것을 일컫는 경우에 쓰인다.

시종일관

始	終	一	貫
비로소	마칠	한	꿸

始	終	一	貫

'처음부터 끝까지 하나로 꿰뚫는다.'라는 뜻으로, 처음부터 끝까지 조금도 변함없이 한결같음을 가리킨다.

신출귀몰

神	出	鬼	沒
귀신	날	귀신	빠질

神	出	鬼	沒

'귀신같이 나타났다가 사라진다.'라는 뜻으로, 날쌔게 나타났다 숨었다 하는 것을 비유하는 말로 쓰인다.

실전 문제로 어휘력 완성하기

● **01~02** 다음 시를 읽고 물음에 답하시오.

가시는 걸음걸음
놓인 그 꽃을
사뿐히 즈려 밟고 가시옵소서

나 보기가 역겨워
가실 때에는
죽어도 아니 눈물 흘리우리다

– 김소월, 「진달래꽃」 중에서

01 이 시에서 말하는 이는 임이 가신다면 고이 보내드리겠다고 말하지만, 사실은 임을 보내기 싫어한다. 이처럼 표현의 효과를 높이기 위하여 실제와 반대로 표현하는 것은?

(   ) 표현

02 이 시에서 **01**의 답이 적용된 구절을 찾아 쓰시오.

(   )

● 다음 시를 읽고 물음에 답하시오.

나는 나의 참회의 글을 한 줄에 줄이자.
— 만 이십사 년 일 개월을
　무슨 기쁨을 바라 살아왔던가.

내일이나 모레나 그 어느 즐거운 날에
나는 또 한 줄의 참회록을 써야 한다.
— 그때 그 젊은 나이에
　왜 그런 부끄런 고백을 했던가.

밤이면 밤마다 나의 거울을
손바닥으로 발바닥으로 닦아 보자.

– 윤동주, 「참회록」 중에서

03 이 시의 성격으로 가장 적절한 것은?

① 감정적   ② 관조적   ③ 냉소적   ④ 반성적   ⑤ 구도적

● 04~06 다음 설명에 맞는 글자를 골라 ①한글과 ②한자로 쓰시오.

蹤	端	跡	略	弊	智
발자취 종	끝 단	발자취 적	간략할 략	폐단 폐	슬기 지

04 없어지거나 떠난 뒤에 남는 흔적이나 모습. (①), (②)

05 어떤 문제를 날카롭게 분석하여 해결책을 세우는 뛰어난 능력이나 방법.
(①), (②)

06 어떤 행동이나 일에서 나타나는 부정적인 현상. (①), (②)

● 07~09 제시된 초성을 참고하여 다음 예문을 완성하시오.

07 당신을 기분 나쁘게 할 생각은 ㅊ ㅎ 도 없었습니다. ( )
　　　　　　　　　새로 돋아난 짐승의 가는 털이라는 뜻에서, 매우 적은 것을 비유하는 말.

08 백이와 숙제는 임금에 대한 ㅈ ㄱ 를 지키기 위해 수양산에 들어갔다. ( )
　　　　　　　　　신념이나 원칙 등을 굽히지 않고 굳게 지키는 태도.

09 이번 사고는 ㅈ ㅅ 행정과 부정부패가 빚어낸 결과이다. ( )
　　　　일을 지나치게 빨리 서둘러서 어설프고 서투름.

● 10~12 보기 를 참고하여 내용에 맞는 사자성어를 완성하시오.

보기

일	제	시	신	귀	종
신	몰	출	관	수	가

10 날쌔게 나타났다 숨었다 하는 모양을 이르는 말. ( )

11 처음부터 끝까지 변함없이 똑같이 함. ( )

12 자기의 몸과 마음을 닦아 수양하고 집안을 잘 이끌어 감. ( )

국어 실력 확인 문제

제1차시

※ 다음 시를 읽고 물음에 답하시오.

> 엄마야 누나야 강변 살자.
> 뜰에는 반짝이는 금모래빛,
> 뒷문 밖에는 갈잎의 노래
> 엄마야 누나야 강변 살자.
>
> – 김소월, 「엄마야 누나야」

01 이 시에서 말하는 사람인 화자는 누구인가?
(   )

※ 다음 시를 읽고 물음에 답하시오.

> 누나! / 이 겨울에도
> 눈이 가득히 왔습니다.
>
> – 윤동주, 「편지」 중에서

02 이 시에서 듣는 사람인 청자는 누구인가?
(   )

※ 다음 시를 읽고 물음에 답하시오.

> 나는 수풀의 정을 알 수 있고
> 벌레의 예지를 알 수 있다
> 그리하여 나도 이 아침 청명의
> 가장 고웁지 못한 노래꾼이 된다
>
> 수풀과 벌레는 자고 깨인 어린애라
> 밤새워 빨고도 이슬은 남았다
> 남았거든 나를 주라
> 나는 이 청명에도 주리나니
> 방에 문을 달고 벽을 향해 숨 쉬지 않았느뇨
>
> – 김영랑, 「청명」 중에서

03 이 시에서처럼 '나', '우리'와 같은 시어를 통해 자신을 노출하는 화자를 일컫는 말은?
(   ) 화자

※ 04~06 다음의 뜻에 맞는 단어를 보기 에서 찾아 쓰시오.

보기

가책   감천   흉계

04 음흉하고 악독한 꾀나 계략. (   )

05 자기나 남의 잘못에 대하여 꾸짖어 책망함.
(   )

06 정성이 지극하여 하늘이 감동함.
(   )

※ 07~09 다음 설명을 읽고 제시된 초성에 맞는 단어를 쓰시오.

07 잘못 저지른 실수. 모자라는 점이나 결점.
ㅎ ㅁ ☐☐

08 거친 땅이나 버려 둔 땅을 일구어 논밭이나 쓸모 있는 땅으로 만듦.
ㄱ ㄱ ☐☐

09 외국과 교류를 하고 물품을 사고팔 수 있게 항구를 개방함.
ㄱ ㅎ ☐☐

10 여러 사람이 조금씩 힘을 합하면 한 사람을 돕기 쉽다는 뜻의 사자성어는?

① 안하무인(眼下無人)   ② 십시일반(十匙一飯)
③ 십중팔구(十中八九)   ④ 신토불이(身土不二)

11 사람됨이 교만하여 남을 업신여기는 것을 가리키는 사자성어는?

① 신토불이(身土不二)   ② 약육강식(弱肉強食)
③ 양자택일(兩者擇一)   ④ 안하무인(眼下無人)

시험 빈출 어휘로 국어 개념 잡기

화자 말씀 話 사람 者	'시적 화자'란 시에서 내용과 정서를 전달해 주는 사람으로 시인이 말하고자 하는 생각이나 느낌, 사상 등을 효과적으로 표현하기 위해 창조한 인물이다.	
	시인 = 화자 시인이 직접 시 속에서 자신의 이야기를 고백적으로 말하는 경우	**예시** 윤동주, 「쉽게 씌어진 시」 중에서 시인이란 슬픈 천명인 줄 알면서도 한 줄 시를 적어 볼까.
	시인 ≠ 화자 시의 분위기나 주제에 적합한 존재를 말하는 이로 내세우는 경우	**예시** 김소월, 「엄마야 누나야」 중에서 엄마야 누나야 강변 살자. ※ 소년을 '화자'로 내세움.

표면적 화자	시에서 '나', '우리'와 같은 시어를 통해 자신을 노출하는 화자.	**예시** 김영랑, 「청명」 중에서 나는 수풀의 정을 알 수 있고
이면적 화자	시에 직접 등장하지 않고 숨어 있는 화자. 자신을 지칭하는 시어가 겉으로 드러나지 않는다.	**예시** 이장희, 「봄은 고양이로다」 중에서 꽃가루와 같이 부드러운 고양이의 털에 고운 봄의 향기가 어리우도다.
청자 들을 聽 놈 者	화자의 말을 들어주는 대상. 청자는 겉으로 드러나 있을 수도 있고, 그렇지 않을 수도 있다. 윤동주의 「편지」에서 '청자'는 '누나'이다.	**예시** 윤동주, 「편지」 중에서 누나! / 이 겨울에도 눈이 가득히 왔습니다.
독백 홀로 獨 흰 白	화자가 혼잣말을 하는 방식. 청자가 없는 경우는 주로 화자의 독백으로 이루어진다.	**예시** 윤동주, 「바람이 불어」 중에서 바람이 부는데 / 내 괴로움에는 이유가 없다.

시적 대상	시적 화자가 바라보는 구체적 사물이나 말을 건네는 청자, 또는 시 전체의 소재나 제재가 되는 사물 및 관념, 작품의 주제와 관련된 소재들이 시적 대상이 된다. **예** 김광균의 「와사등」: 서구화된 현대 문명을 의미하는 '등불, 고층 건물, 야경' 등의 시적 대상을 통해 현대 문명에서 소외된 화자의 고독한 상황과 비애를 감각적으로 묘사하고 있다.
시적 상황	시적 화자나 시적 대상이 처해 있는 형편이나 사정, 분위기, 정황 등을 가리킨다. 시적 화자가 어떤 사람이며 어떤 상황에 놓여 있는지를 파악하면 시의 주제, 화자의 정서와 태도를 이해할 수 있다. **예** 천상병의 「새」: 화자가 죽어 새가 된다는 시적 상황으로 설정되어 있다.

허물

잘못 저지른 실수. 모자라는 점이나 결점.

예 다른 사람의 ☐☐ 을 들추지 말아야 한다.

흉계

흉할 凶 꾀할 計

음흉하고 악독한 꾀나 계략.

예 왕은 간신들의 ☐☐ 에 빠져 결국 왕위에서 물러났다.

흉물

흉할 凶 물건 物

성질이나 모양이 매우 흉한 사람이나 동물.

예 전통적인 이미지 속에서 뱀은 ☐☐ 이다.

가늠

어떤 목표나 기준에 맞는지 안 맞는지 헤아려 봄.

예 그 주식이 오를지 내릴지 ☐☐ 을 할 수 없다.

가책

꾸짖을 呵 꾸짖을 責

자기나 남의 잘못에 대하여 꾸짖어 책망함.

예 공범은 양심의 ☐☐ 을 느껴 경찰서에 자수했다.

감안

헤아릴 勘 책상 案

여러 사정을 참고하여 생각함.

예 그녀가 학생임을 ☐☐ 하여 싸게 팔았다.

감천

느낄 感 하늘 天

정성이 지극하여 하늘이 감동함.

예 지성이면 ☐☐ 이라더니 자네의 극진한 간호로 아버님이 건강해지셨네.

개간

열 開 김매다 墾

거친 땅이나 버려 둔 땅을 일구어 논밭이나 쓸모 있는 땅으로 만듦.

예 척박한 황무지를 ☐☐ 하여 논과 밭을 만들었다.

개항

열 開 항구 港

외국과 교류를 하고 물품을 사고팔 수 있게 항구를 개방함.

예 부산은 ☐☐ 이후 근대적 상업 도시로 변모했다.

격분

격할 激 성낼 忿

몹시 분하고 노여운 감정이 북받쳐 오름.

예 경찰은 강제 해산에 ☐☐ 한 시위대를 진압했다.

사자성어로 어휘력 확장하기

※ 한자를 따라 쓰고 뜻과 음을 쓰세요.

신토불이

身	土	不	二
몸	흙	아닐	두

身	土	不	二
몸 신	흙 토	아닐 불	두 이

'사람의 몸은 태어난 땅과 둘로 나뉠 수 없다.'라는 뜻으로, 자신이 사는 땅에서 난 농산물이라야 체질에 잘 맞음을 가리킨다.

십시일반

十	匙	一	飯
열	숟가락	한	밥

十	匙	一	飯

'열 사람이 한 술씩 보태면 한 사람 먹을 분량이 된다.'라는 뜻으로, 여러 사람이 조금씩 힘을 합하면 한 사람을 돕기 쉬움을 일컫는다.

십중팔구

十	中	八	九
열	가운데	여덟	아홉

十	中	八	九

'열에 여덟이나 아홉'이란 뜻으로, 예외 없이 그럴 가능성이 높은 추측을 나타내는 경우에 쓰인다.

안하무인

眼	下	無	人
눈	아래	없을	사람

眼	下	無	人

'눈 아래에 사람이 없다.'라는 뜻으로, 사람됨이 교만하여 남을 업신여기는 것을 가리킨다.

약육강식

弱	肉	强	食
약할	고기	강할	밥

弱	肉	强	食

'약한 자는 강한 자에게 먹힌다.'라는 뜻으로, 약한 자는 강한 자에게 지배됨을 비유적으로 일컫는 표현이다.

양자택일

兩	者	擇	一
두	놈	가릴	한

兩	者	擇	一

'둘 중에서 하나를 고른다.'라는 뜻으로, 선택 가능한 두 가지를 두고 하나만 결정하여 따르는 것을 가리킨다.

실전 문제로 어휘력 완성하기

● **01~03** 다음 시를 읽고 물음에 답하시오.

나는 나룻배,
당신은 행인.

당신은 흙발로 나를 짓밟습니다.
나는 당신을 안고 물을 건너갑니다.
나는 당신을 안으면 깊으나 옅으나 급한 여울이나 건너갑니다.

만일 당신이 아니 오시면 나는 바람을 쐬고 눈비를 맞으며 밤에
서 낮까지 당신을 기다리고 있습니다.
당신은 물만 건너면 나를 돌아보지도 않고 가십니다그려.
그러나 당신이 언제든지 오실 줄만은 알아요.
나는 당신을 기다리면서 날마다 날마다 낡아갑니다.

나는 나룻배
당신은 행인.

– 한용운, 「나룻배와 행인」

01 이 시의 시적 화자를 쓰시오.

( )

02 시적 화자에 대한 설명으로 바르지 않은 것은?

① 시인과 화자가 일치할 수도 있다.
② 시에서 화자가 드러나지 않을 수도 있다.
③ 시인을 대신하여 말하려는 내용을 전달한다.
④ 시 속에서 독특한 분위기를 형성하는 역할을 한다.
⑤ 시인은 주제와 어울리는 대리인을 반드시 세워야 한다.

03 시적 화자의 고난과 시련을 상징하는 시어 2개를 찾아 쓰시오.

( ), ( )

● 04~06 다음 설명에 맞는 글자를 골라 ①한글과 ②한자로 쓰시오.

勘	港	物	凶	開	案
헤아릴 감	항구 항	물건 물	흉할 흉	열 개	책상 안

04 성질이나 모양이 매우 흉한 사람이나 동물.　　　(① 　　　　　), (② 　　　　　)

05 여러 사정을 참고하여 생각함.　　　(① 　　　　　), (② 　　　　　)

06 외국과 교류를 하고 물품을 사고팔 수 있게 항구를 개방함.　(① 　　　　　), (② 　　　　　)

● 07~09 제시된 초성을 참고하여 다음 예문을 완성하시오.

07 나는 지금껏 양심에 ㄱ ㅊ 을 받을 만한 일을 한 적이 없다.　　　(　　　　　)
　　　자기나 남의 잘못에 대하여 꾸짖어 책망함.

08 무분별한 토지 ㄱ ㄱ 으로 자연환경을 점점 훼손되고 있다.　　　(　　　　　)
　　　거친 땅이나 버려둔 땅을 일구어 논밭이나 쓸모 있는 땅으로 만듦.

09 우리는 다른 사람의 ㅎ ㅁ 을 들추지 말아야 한다.　　　(　　　　　)
　　　잘못 저지른 실수. 모자라는 점이나 결점.

13

● 10~12 보기 를 참고하여 내용에 맞는 사자성어를 완성하시오.

보기

중	하	육	인	구	강
무	약	십	식	안	팔

10 열 가운데 여덟이나 아홉 정도로 거의 대부분이거나 거의 틀림없음.　　　(　　　　　)

11 사람됨이 교만하여 남을 업신여김을 이르는 말.　　　(　　　　　)

12 약한 자는 강한 자에게 지배됨을 비유적으로 이르는 말.　　　(　　　　　)

국어 실력 확인 문제

제1차시

※ 다음 시를 읽고 물음에 답하시오.

> 참새는 어디서 날아왔는고.
> 한 해 농사가 아랑곳없구나.
> 늙은 홀아비가 혼자 갈고 매었는데,
> 벼와 수수를 다 없애다니.
>
> — 이제현, 「사리화(沙里花)」

01 이 시에서 두드러지게 나타나는 성격은?

① 감각적 　　　② 반어적
③ 사색적 　　　④ 비판적

※ 다음 시를 읽고 물음에 답하시오.

> 가슴속에 하나둘 새겨지는 별을
> 이제 다 못 헤는 것은
> 쉬이 아침이 오는 까닭이요,
> 내일 밤이 남은 까닭이요,
> 아직 나의 청춘이 다하지 않은 까닭입니다.
>
> — 윤동주, 「별 헤는 밤」 중에서

02 이 시에서 두드러지게 나타나는 성격은?

① 서정적 　　　② 반성적
③ 사색적 　　　④ 비판적

※ **03~06** 다음의 뜻에 맞는 단어를 보기 에서 찾아 쓰시오.

보기

과언　　관념　　교란　　견제

03 경쟁 대상이 자유롭게 행동하거나 힘이 강해지지 못하도록 함. （　　　　　）

04 정도가 지나친 말 또는 과장된 말. （　　　　　）

05 어떤 사물이나 현상에 관한 견해나 생각. （　　　　　）

06 어떤 체계의 질서나 사람의 마음을 뒤흔들어서 어지럽게 함. （　　　　　）

※ **07~10** 다음 설명을 읽고 제시된 초성에 맞는 단어를 쓰시오.

07 일이나 물건 따위가 아주 망쳐지거나 망가져 못쓰게 된 상태. 　ㄱ ㄸ ☐☐

08 서로 도우며 함께 삶. 　ㄱ ㅅ ☐☐

09 자신의 능력이나 솜씨 등을 자랑스럽게 드러냄. 　ㄱ ㅅ ☐☐

10 말이 적고 태도가 침착함. 　ㄱ ㅁ ☐☐

11 우연히 한 일로 인해서 공교롭게도 때가 같아 억울하게 의심을 받을 때 사용하는 사자성어는?

① 어부지리(漁夫之利) 　　② 온고지신(溫故知新)
③ 오비이락(烏飛梨落) 　　④ 오리무중(五里霧中)

12 옛것을 익히고 그것을 통해 새로운 것을 알게 된다는 뜻의 사자성어는?

① 오매불망(寤寐不忘) 　　② 왈가왈부(曰可曰否)
③ 수어지교(水魚之交) 　　④ 온고지신(溫故知新)

시험 빈출 어휘로 국어 개념 잡기

비유적 견줄 比 깨우칠 喻

어떤 현상이나 사물을 직접 설명하지 아니하고 다른 비슷한 현상이나 사물에 빗대어서 설명하는 것. 이방원의 「하여가」는 고려 충신인 정몽주에게 절개를 굽힐 것을 권하면서, 자신과 정몽주를 '칡덩굴'에 비유하여 회유하고자 하는 고전 시가이다.

예시 이방원, 「하여가(何如歌)」

이런들 어떠하리 저런들 어떠하리.
만수산 드렁칡이 얽혀진들 어떠하리.
우리도 이같이 얽혀져 백 년까지 누리리라.

비판적 비평할 批 판단할 判

현상이나 사물의 옳고 그름을 밝히거나 잘못된 점을 지적하는 것. 시적 대상이나 상황이 마음에 들지 않아 부정적으로 표현하고 고발하는 태도를 보인다. 이제현의 「사리화」는 백성들을 수탈하는 권력자들을 곡식을 쪼아 먹는 참새에 비유하여 비판하고 있다.

예시 이제현, 「사리화(沙里花)」

참새는 어디서 날아왔는고.
한 해 농사가 아랑곳없구나.
늙은 홀아비가 혼자 갈고 매었는데,
벼와 수수를 다 없애다니.

사색적 생각 思 찾을 索

어떤 일에 대하여 깊이 생각하고 이치를 따지는 것을 좋아하는 경향을 띠는 것. 사물의 이치를 깊이 따지면서 깊게 생각하는 내용을 담은 시에서 느낄 수 있다.

예시 윤동주, 「별 헤는 밤」 중에서

가슴 속에 하나둘 새겨지는 별을
이제 다 못 헤는 것은
쉬이 아침이 오는 까닭이요,
내일 밤이 남은 까닭이요,
아직 나의 청춘이 다하지 않은 까닭입니다.

사실적 베낄 寫 열매 實

사물의 실제 상태를 있는 그대로 그려내는 것을 의미한다. 윤동주의 「사랑스런 추억」은 미래의 희망을 상징하는 '기차'를 기다리는 모습을 사실적으로 표현하였다.

예시 윤동주, 「사랑스런 추억」 중에서

봄이 오던 아침, 서울 어느 쪼그만 정거장에서
희망과 사랑처럼 기차를 기다려,

나는 플랫폼에 간신(艱辛)한* 그림자를 떨어뜨리고,
담배를 피웠다.

*간신(艱辛)한: 힘들고 고달픈.

교과서 필수 단어로 어휘력 키우기

견제
이끌 牽 절제할 制
경쟁 대상이 자유롭게 행동하거나 힘이 강해지지 못하도록 함.
예 우승 후보인 그는 다른 선수들로부터 심한 [ ][ ]를 받고 있다.

결딴
일이나 물건 따위가 아주 망쳐지거나 망가져 못쓰게 된 상태.
예 A회사는 크게 벌였던 사업이 망해 아주 [ ][ ]이 났다.

공생
한가지 共 날 生
서로 도우며 함께 삶.
예 두 회사는 무리한 경쟁보다는 [ ][ ]의 길을 모색하고 있다.

과묵
적을 寡 잠잠할 默
말이 적고 태도가 침착함.
예 그의 [ ][ ]은 백 마디의 말보다 오히려 신뢰감을 주었다.

과시
자랑할 誇 보일 示
자신의 능력이나 솜씨 등을 자랑스럽게 드러냄.
예 그는 자신의 힘을 [ ][ ]라도 하듯이 큰 상자를 번쩍 들었다.

과언
지날 過 말씀 言
정도가 지나친 말 또는 과장된 말.
예 맛있는 요리의 비결이 그녀의 손맛이라 해도 [ ][ ]이 아니다.

관념
볼 觀 생각 念
어떤 사물이나 현상에 관한 견해나 생각.
예 직업을 성별에 따라 나누는 것은 낡은 [ ][ ]이다.

관여
관계할 關 더불 與
어떤 일에 관계하여 참여함.
예 이 사건에 [ ][ ]한 사람만 해도 열 명이 넘는다.

교란
흔들 攪 어지러울 亂
어떤 체계의 질서나 사람의 마음을 뒤흔들어서 어지럽게 함.
예 지구 온난화는 생태계의 [ ][ ]을 일으키는 주범이다.

교류
사귈 交 흐를 流
문화나 사상 등이 서로 오감.
예 두 나라는 문화와 기술 등의 [ ][ ]를 활발히 하고 있다.

사자성어로 어휘력 확장하기

※ 한자를 따라 쓰고 뜻과 음을 쓰세요.

어부지리

漁	夫	之	利
고기 잡을	지아비	갈	이로울

漁	夫	之	利
고기 잡을 어	지아비 부	갈 지	이로울 리

'어부의 이익'이라는 뜻으로, 황새와 조개가 다투는 틈을 타서 어부가 둘 다 잡았다는 고사에서 유래했다. 두 사람이 서로 다투는 사이에 다른 사람이 손쉽게 이익을 얻는 경우를 가리킨다.

오리무중

五	里	霧	中
다섯	마을	안개	가운데

五	里	霧	中

'오 리나 되는 안개 속에 있다.'라는 뜻으로, 무슨 일에 대하여 방향이나 갈피를 잡을 수 없음을 일컫는다.

오매불망

寤	寐	不	忘
잠 깰	잘	아닐	잊을

寤	寐	不	忘

'자나 깨나 잊을 수 없다.'라는 뜻으로, 누군가를 잊지 못하고 몹시 그리워하는 것을 나타내는 표현이다.

오비이락

烏	飛	梨	落
까마귀	날	배나무	떨어질

烏	飛	梨	落

'까마귀 날자 배 떨어진다.'라는 뜻으로, 아무 관계도 없이 한 일이 공교롭게도 때가 같아서 억울하게 의심을 받거나 난처한 위치에 서게 됨을 일컫는다.

온고지신

溫	故	知	新
따뜻할	연고	알	새

溫	故	知	新

'옛것을 익히고 새것을 안다.'라는 뜻으로, 과거의 전통과 역사가 바탕이 되어야만 새로운 지식을 제대로 이해할 수 있음을 의미한다.

왈가왈부

曰	可	曰	否
가로	옳을	가로	아닐

曰	可	曰	否

'좋으니 나쁘니 하고 떠들어 댄다.'라는 뜻으로, 어떤 일에 대하여 옳다거나 옳지 않다고 서로 옥신각신하는 모습을 일컫는다.

실전 문제로 어휘력 완성하기

● 01~02 다음 시를 읽고 물음에 답하시오.

돌에 / 그늘이 차고,

따로 몰리는 / 소소리바람*.

앞서거니 하여 / 꼬리 치날리어 세우고,

종종 다리 까칠한 / 산새 걸음걸이.

– 정지용, 「비」 중에서

*소소리바람: 이른 봄철에 부는 꽃샘바람.

---

01 시의 성격으로 가장 적절한 것은?
　　① 구도적　　② 고백적　　③ 서경적　　④ 비유적　　⑤ 낭만적

02 비가 세차게 내리는 모습을 비유한 대상을 찾아 2음절로 쓰시오.

(　　　　　　　　　)

● 03~04 다음 시를 읽고 물음에 답하시오.

초 한 대—
내 방에 풍긴 향내를 맡는다.

광명의 제단이 무너지기 전
나는 깨끗한 제물을 보았다.

염소의 갈비뼈 같은 그의 몸,
그의 생명인 심지까지
백옥 같은 눈물과 피를 흘려
불살라 버린다.

– 윤동주, 「초 한 대」 중에서

---

03 이 시의 성격으로 가장 적절한 것은?
　　① 애상적　　② 순응적　　③ 감각적　　④ 달관적　　⑤ 사색적

04 자신을 희생하는 초의 모습을 비유한 시어를 찾아 2어절로 쓰시오.

(　　　　　　　　　)

● 05~07 다음 설명에 맞는 글자를 골라 ①한글과 ②한자로 쓰시오.

觀	牽	攪	亂	念	制
볼 관	이끌 견	흔들 교	어지러울 란	생각 념	절제할 제

05 경쟁 대상이 자유롭게 행동하거나 힘이 강해지지 못하도록 함.

(①   ), (②   )

06 어떤 사물이나 현상에 관한 견해나 생각.

(①   ), (②   )

07 어떤 체계의 질서를 뒤흔들어서 어지럽게 함.

(①   ), (②   )

● 08~10 제시된 초성을 참고하여 다음 예문을 완성하시오.

08 악어와 악어새는 서로 필요한 ㄱ ㅅ 관계에 있다.   (   )
               서로 도우며 함께 삶.

09 그 부인은 ㄱ ㅅ 와 허영에 사로잡힌 사람이었다.   (   )
         자신의 능력이나 솜씨 등을 자랑스럽게 드러냄.

10 이 작업에 ㄱ ㅇ 한 사람만 해도 천 명이 넘는다.   (   )
        어떤 일에 관계하여 참여함.

● 11~13 보기 를 참고하여 내용에 맞는 사자성어를 완성하시오.

보기

매	리	망	어	온	불
부	지	오	신	고	지

11 두 사람이 서로 다투는 사이에 다른 사람이 손쉽게 이익을 얻음.   (   )

12 자나 깨나 잊지 못함.   (   )

13 옛것을 익히고 그것을 통해서 새로운 것을 앎.   (   )

14

STEP 1 기본 실력 점검하기

제1차시

국어 실력 확인 문제

※ 다음 시를 읽고 물음에 답하시오.

> 돌담에 속삭이는 햇발같이
> 풀 아래 웃음 짓는 샘물같이
> 내 마음 고요히 고운 봄 길 위에
> 오늘 하루 하늘을 우러르고 싶다.
>
> — 김영랑, 「돌담에 속삭이는 햇발」 중에서

01 밑줄 친 곳에 쓰인 비유법은?

① 의인법 ② 직유법
③ 은유법 ④ 대유법

※ 다음 시를 읽고 물음에 답하시오.

> 님이여, 당신은 백 번이나 단련한 금결입니다.
> 뽕나무 뿌리가 산호가 되도록 천국의 사랑을 받읍소서.
> 님이여, 사랑이여, 아침볕의 첫걸음이여.
>
> — 한용운, 「찬송」 중에서

02 밑줄 친 곳에 쓰인 비유법은?

① 활유법 ② 직유법
③ 은유법 ④ 대유법

※ **03~06** 다음의 뜻에 맞는 단어를 보기 에서 찾아 쓰시오.

보기

결박 기색 경신 결의

03 자유롭지 못하게 구속하는 것을 뜻함.

(   )

04 어떤 일을 하기로 굳게 마음을 정함.

(   )

05 어떤 분야의 이미 있던 최고치나 최저치를 깨뜨림.

(   )

06 마음속의 생각이나 감정이 얼굴이나 행동에 나타나는 것.

(   )

※ **07~10** 다음 설명을 읽고 제시된 초성에 맞는 단어를 쓰시오.

07 매우 싫어하거나 무시하는 듯한 태도로 낮추어 봄.

ㄱ ㅁ ☐ ☐

08 학비를 스스로 벌어서 고생하며 배움.

ㄱ ㅎ ☐ ☐

09 다른 나라의 국적을 얻어 그 나라의 국민이 됨.

ㄱ ㅎ ☐ ☐

10 어떤 일이 바라던 대로 되지 않아 크게 실망함.

ㄴ ㄷ ☐ ☐

11 여러 가지로 뒤얽힌 복잡한 사정이나 변화를 뜻하는 사자성어는?

① 우여곡절(迂餘曲折) ② 유아독존(唯我獨尊)
③ 유구무언(有口無言) ④ 위기일발(危機一髮)

12 세상에서 자기 혼자 잘났다고 뽐내는 태도와 관련된 사자성어는?

① 비일비재(非一非再) ② 유언비어(流言蜚語)
③ 유유상종(類類相從) ④ 유아독존(唯我獨尊)

시험 빈출 어휘로 국어 개념 잡기

수사법 닦을 修 말씀 辭 법 法	글쓴이가 자기의 생각과 감정을 독자에게 효과적으로 전달하기 위해 문장과 단어를 꾸미는 방법을 '수사법'이라고 하는데, 크게 비유법과 강조법, 변화법 등으로 나뉜다.

비유법
견줄 比 깨우칠 喩 법 法

글에서 표현하려는 사물이나 현상을 직접 설명하지 아니하고 그와 유사한 다른 대상에 빗대어 표현하는 방법을 비유법이라고 한다. 원래 표현하고자 하는 대상을 '원관념'이라고 하며, 빗대어 사용한 대상을 '보조 관념'이라고 한다.

쟁반 같은 보름달
보조 관념　원관념

직유법
곧을 直 깨우칠 喩 법 法

비슷한 성질의 사물이나 현상을 직접 빗대어 표현하는 것을 '직유법'이라고 한다. 직유법은 '마치'와 같은 말이 앞에 오거나, '~처럼', '~같은', '~듯이', '~인 양' 등을 사용하여 표현하려는 대상(원관념)과 보조 관념을 직접 연결하여 표현한다.

예
- 호수같이 잔잔한 그녀의 눈동자
- 하늘처럼 크고 넓은 사랑이여
- 아기를 어루만지는 듯이 살포시
- 잊혀진 추억인 양 쌓여 가는데

은유법
숨을 隱 깨우칠 喩 법 法

은유법은 직접 드러내지 않고 은근하게 비유하는 방법으로, 원관념과 보조 관념을 동일한 것처럼 'A는 B이다'와 같은 형식으로 표현한다. 직유법과는 달리 원관념과 보조 관념과의 유사성이 직접 드러나지 않고 원관념이 생략될 수도 있다.

A　=　B
원관념　보조 관념

예 봄은 고양이로다. ➡ 원관념＝봄, 보조 관념＝고양이

대유법
대신할 代 깨우칠 喩 법 法

표현하려는 대상을 직접 말하지 않고 그 대상이 떠오를만한 것을 대신 말하는 방법이다. 대상과 밀접한 관련이 있는 다른 낱말을 빌려와 표현하거나 대상의 일부분으로 전체를 표현한다.

사람은 빵만으로 살 수 없다.	빵 ➡ 음식, 식량
펜이 칼보다 강하다.	펜 ➡ 지식 / 칼 ➡ 무력
요람에서 무덤까지.	요람 ➡ 탄생 / 무덤 ➡ 죽음

예 이상화의 「빼앗긴 들에도 봄은 오는가」에서는 국토의 일부인 '들'을 통해 빼앗긴 국토의 전체를 표현하는 대유법이 쓰였다.

교과서 필수 단어로 어휘력 키우기

결박
맺을 結 얽을 縛

- 줄 등으로 움직이지 못하게 둘러 묶음.　　• 자유롭지 못하게 구속함.

예 배가 거센 파도에 떠내려가지 않게 밧줄로 단단히 [　　] 했다.

결의
결단할 決 뜻 意

어떤 일을 하기로 굳게 마음을 정함.

예 그들은 이번 시합에서 꼭 이길 거라며 [　　] 를 다졌다.

경멸
가벼울 輕 업신여길 蔑

매우 싫어하거나 무시하는 듯한 태도로 낮추어 봄.

예 동물에게 폭력을 쓰는 사람은 [　　] 의 대상이다.

경신
고칠 更 새 新

어떤 분야의 이미 있던 최고치나 최저치를 깨뜨림.

예 그녀는 이번 대회에서 세계 신기록 [　　] 에 도전한다.

계승
이을 繼 이을 承

- 문화, 업적 등을 물려받아 계속 이어 나감.　　• 선임자의 뒤를 이어받음.

예 사라져 가는 전통문화의 [　　] 이 필요하다.

고학
쓸 苦 배울 學

학비를 스스로 벌어서 고생하며 배움.

예 그는 그 누구의 도움 없이 [　　] 으로 대학까지 졸업했다.

귀화
돌아갈 歸 될 化

다른 나라의 국적을 얻어 그 나라의 국민이 됨.

예 독일인인 그는 평생 한국에서 살고 싶어 [　　] 를 결심했다.

기색
기운 氣 빛 色

- 속마음이 겉으로 드러나는 것.　　• 행동이나 현상을 짐작할 수 있는 낌새.

예 야간 근무가 끝나자마자 그는 피곤한 [　　] 도 없이 시험을 준비했다.

낙담
떨어질 落 쓸개 膽

어떤 일이 바라던 대로 되지 않아 크게 실망함.

예 불합격 소식이 그에게 [　　] 을 안겨 주었다.

낙심
떨어질 落 마음 心

바라던 일이 이루어지지 않아 마음이 상함.

예 공부한 만큼 성적이 잘 나오지 않아 [　　] 했다.

사자성어로 어휘력 확장하기

※ 한자를 따라 쓰고 뜻과 음을 쓰세요.

우여곡절

迂	餘	曲	折
에돌	남을	굽을	꺾을

迂	餘	曲	折
에돌 우	남을 여	굽을 곡	꺾을 절

'이리 굽고 저리 굽은 복잡한 사정'이라는 뜻으로, 여러 가지로 뒤얽힌 복잡한 사정이나 변화를 가리킨다.

위기일발

危	機	一	髮
위태할	틀	한	터럭

危	機	一	髮

'머리털 하나로 묶인 물건을 들어 올리듯 위험한 상황'을 뜻하며, 조금의 여유도 없이 몹시 절박한 순간을 의미한다.

유구무언

有	口	無	言
있을	입	없을	말씀

有	口	無	言

'입은 있으나 말이 없다.'라는 뜻으로, 잘못이 분명해 변명하거나 해명할 말이 없는 경우에 쓰인다.

유아독존

唯	我	獨	尊
오직	나	홀로	높을

唯	我	獨	尊

'이 세상에 나보다 존귀한 사람은 없다.'라는 뜻으로, 자기만 잘났다고 자부하는 독선적인 태도를 비유하여 일컫는다.

유언비어

流	言	蜚	語
흐를	말씀	바퀴	말씀

流	言	蜚	語

'흘러가는 말이 바퀴벌레 같은 말이다.'라는 뜻으로, 아무 근거 없이 이리저리 떠도는 헛된 소문을 가리키는 표현이다.

유유상종

類	類	相	從
무리	무리	서로	좇을

類	類	相	從

'같은 무리끼리 서로 따르고 좇음.'이라는 뜻으로, 성격이나 생각이 비슷한 사람끼리 어울리는 것을 의미한다.

실전 문제로 어휘력 완성하기

● **01~02** 다음 시를 읽고 물음에 답하시오.

아씨처럼 나린다　　　하늘 다리 놓였다
보슬보슬 햇비　　　　알롱알롱 무지개
맞아 주자 다 같이　　노래하자 즐겁게
옥수숫대처럼 크게　　동무들아 이리 오나
닷 자 엿 자 자라게　　다 같이 춤을 추자
해님이 웃는다　　　　해님이 웃는다
나 보고 웃는다.　　　즐거워 웃는다.

　　　　　　　　　　　　　　　　　　　－ 윤동주, 「햇비」

01 1연에서 잠깐 내렸다 금방 사라지는 햇비를 비유한 시어를 찾아 2음절로 쓰시오.

　　　　　　　　　　　　（　　　　　　　　　　）

02 2연에서 은유법이 사용된 부분을 찾아 원관념과 보조 관념을 쓰시오.

　(1) 원관념 : (　　　　　　　　)　　(2) 보조 관념 : (　　　　　　　)

● **03~04** 다음 시를 읽고 물음에 답하시오.

지금은 남의 땅 — 빼앗긴 들에도 봄은 오는가?

나는 온몸에 햇살을 받고
푸른 하늘 푸른 들이 맞붙은 곳으로
가르마 같은 논길을 따라 꿈속을 가듯 걸어만 간다.

　　　　　　　　　　－ 이상화, 「빼앗긴 들에도 봄은 오는가」 중에서

03 표현 대상과 밀접한 관련이 있는 다른 낱말이나 대상의 일부분으로 전체를 표현하는 비유법은?

　　　　　　　　　　　（　　　　　　　　　　）

04 이 시에서 **03**의 비유법이 쓰인 시어를 찾아 1음절로 쓰시오.

　　　　　　　　　　　（　　　　　　　　　　）

● **05~07** 다음 설명에 맞는 글자를 골라 ①한글과 ②한자로 쓰시오.

承
이을 승

色
빛 색

新
새 신

更
고칠 경

氣
기운 기

繼
이을 계

05 어떤 분야의 이미 있던 최고치나 최저치를 깨뜨림. (①), (②)

06 문화, 업적 등을 물려받아 계속 이어 나감. (①), (②)

07 행동이나 현상을 짐작할 수 있는 낌새. (①), (②)

● **08~10** 제시된 초성을 참고하여 다음 예문을 완성하시오.

08 우리는 이번 경기에서 꼭 이기자며 ㄱ ㅇ 를 다졌다. ( )
어떤 일을 하기로 굳게 마음을 정함.

09 그는 우리를 ㄱ ㅁ 에 찬 눈초리로 대했다. ( )
매우 싫어하거나 무시하는 듯한 태도로 낮추어 봄.

10 그녀는 부모의 도움 없이 ㄱ ㅎ 으로 대학까지 갔다. ( )
학비를 스스로 벌어서 고생하며 배움.

● **11~12** 보기 를 참고하여 내용에 맞는 사자성어를 완성하시오.

보기

구 독 곡 유 유 절

여 언 아 존 우 무

11 여러 가지로 뒤얽힌 복잡한 사정이나 변화. ( )

12 입은 있으나 말이 없다는 뜻으로, 변명할 말이 없음. ( )

13 세상에서 자기 혼자 잘났다고 뽐내는 태도. ( )

제1차시

국어 실력 확인 문제

※ 다음 시를 읽고 물음에 답하시오.

> 산 너머 남촌에는 누가 살길래
> 저 하늘 저 빛깔이 저리 고울까.
>
> 금잔디 너른 벌엔 호랑나비떼
> 버들밭 실개천엔 종달새 노래,
>
> – 김동환, 「산 너머 남촌에는」 중에서

01 이 시에서 두드러지게 나타나는 성격은?

① 산문적   ② 상징적
③ 서경적   ④ 서사적

※ 다음 시를 읽고 물음에 답하시오.

> "아하, 무사히 건넜을까,
> 이 한밤에 남편은
> 두만강을 탈 없이 건넜을까?
>
> 저리 국경 강안을 경비하는
> 외투 쓴 검은 순사가
> 왔다 갔다
> 오르명 내리명 분주히 하는데
> 발각도 안 되고 무사히 건넜을까?"
>
> – 김동환, 「국경의 밤」 중에서

02 이 시에서 두드러지게 나타나는 성격은?

① 사색적   ② 서사적
③ 서경적   ④ 비판적

※ **03~06** 다음의 뜻에 맞는 단어를 보기 에서 찾아 쓰시오.

보기

만회   노쇠   누설   냉담

03 태도나 마음씨가 동정심 없이 차가움.

(   )

04 늙어서 기운이 줄어 약함. (   )

05 기체나 액체가 밖으로 새어 나감. 비밀이 새어 나감.

(   )

06 뒤떨어진 것이나 잃은 것 따위를 돌이켜 원래의 상태로 회복함. (   )

※ **07~10** 다음 설명을 읽고 제시된 초성에 맞는 단어를 쓰시오.

07 시골로 거처를 옮기거나 이사하는 것을 뜻함.

ㄴㅎ □□

08 정성을 들이지 않고 아무렇게나 하는 대접.

ㄴㄷ □□

09 인재를 골라 뽑아서 씀.

ㄷㅇ □□

10 돈, 권력 등을 이용해 남을 자신의 편으로 만드는 일.

ㅁㅅ □□

11 마음이나 행동이 몹시 흉악한 사람을 이르는 사자성어는?

① 이심전심(以心傳心)   ② 인과응보(因果應報)
③ 인면수심(人面獸心)   ④ 인사불성(人事不省)

12 목숨의 길고 짧음은 사람의 힘으로 어쩔 수 없다는 뜻의 사자성어는?

① 유유자적(悠悠自適)   ② 이심전심(以心傳心)
③ 인면수심(人面獸心)   ④ 인명재천(人命在天)

시험 빈출 어휘로 국어 개념 잡기

산문적 흩을 散 문장 文

글자의 수나 운율 따위의 시의 형식에 얽매이지 않고 보통의 문장처럼 자유롭게 쓴 글의 특성을 말한다.

> 예시 한용운의 「복종」 중에서
>
> 남들은 자유를 사랑한다지마는, 나는 복종을 좋아하여요.
> 자유를 모르는 것은 아니지만, 당신에게는 복종만 하고 싶어요.

상징적 코끼리 象 부를 徵

추상적인 사실이나 생각, 느낌 따위를 구체적인 사물로 나타내는 것. 이육사의 「청포도」는 조국의 광복을 염원하는 시로, '청포도'는 고향을 상징하고 '손님'은 광복을 상징한다.

> 예시 이육사, 「청포도」 중에서
>
> 내 고장 칠월은
> 청포도가 익어 가는 시절.
> 이 마을 전설이 주저리주저리 열리고
> … 중략 …
> 내가 바라던 손님은 고달픈 몸으로
> 청포를 입고 찾아온다고 했으니

서경적 펼 敍 볕 景

자연의 경치를 글로 나타내는 것. 김동환의 「산 너머 남촌에는」에서는 '금잔디, 호랑나비떼, 버들밭' 등의 시어를 통해 평화로운 자연의 모습을 서경적으로 보여 준다.

> 예시 김동환, 「산 너머 남촌에는」 중에서
>
> 산 너머 남촌에는 누가 살길래
> 저 하늘 저 빛깔이 저리 고울까.
>
> 금잔디 너른 벌엔 호랑나비떼
> 버들밭 실개천엔 종달새 노래,

서사적 펼 敍 일 事

어떤 사건이나 상황을 시간에 따라 있는 그대로 나열하는 것. 김동환의 「국경의 밤」은 일제 강점기를 배경으로 국경 지대에 사는 한 여인의 비극적인 삶과 사랑을 이야기 형식으로 들려준다.

> 예시 김동환, 「국경의 밤」 중에서
>
> "아하, 무사히 건넜을까, / 이 한밤에 남편은
> 두만강을 탈 없이 건넜을까?
>
> 저리 국경 강안을 경비하는 / 외투 쓴 검은 순사가
> 왔다 갔다 / 오르명 내리명 분주히 하는데
> 발각도 안 되고 무사히 건넜을까?"

교과서 필수 단어로 어휘력 키우기

낙향
떨어질 落 시골 鄕

시골로 거처를 옮기거나 이사함.

예 도시 생활에 지친 그들은 [　][　]을 결심했다.

냉담
찰 冷 맑을 淡

태도나 마음씨가 동정심 없이 차가움.

예 회장의 공개 사과에도 여론은 [　][　]했다.

냉대
찰 冷 대접할 待

정성을 들이지 않고 아무렇게나 하는 대접.

예 반역자라는 오명을 쓴 채로 평생을 [　][　] 속에서 살았다.

노쇠
늙을 老 쇠할 衰

늙어서 기운이 줄어 약함.

예 요즘 할머니는 [　][　]로 인해 잦은 병치레를 하신다.

누설
샐 漏 샐 泄

• 기체나 액체가 밖으로 새어 나감.　• 비밀이 새어 나감.

예 회사 기밀 [　][　]에 대한 처벌 규정이 최근 강화되었다.

대항
대할 對 겨룰 抗

• 지지 않으려고 맞서서 버팀.　• 서로 맞서서 승부를 겨룸.

예 시민이 하나 되어 독재에 [　][　]해야 한다.

등용
오를 登 쓸 用

인재를 골라 뽑아서 씀.

예 학벌이나 배경이 [　][　]의 수단이 되어서는 안 된다.

만회
당길 挽 돌아올 回

뒤떨어진 것이나 잃은 것 따위를 돌이켜 원래의 상태로 회복함.

예 우리 팀은 실점을 [　][　]하여 역전승을 거두었다.

매료
매혹할 魅 마칠 了

사람의 마음을 완전히 사로잡아 홀리게 함.

예 그녀의 소설은 전 세계 수많은 독자를 [　][　]시켰다.

매수
살 買 거둘 收

• 주식이나 부동산 등을 사들임.
• 돈이나 권력 등을 이용해 남을 자신의 편으로 만드는 일.

예 그들은 승부 조작을 위해 심판 [　][　]를 시도했다.

사자성어로 어휘력 확장하기

※ 한자를 따라 쓰고 뜻과 음을 쓰세요.

유유자적

悠	悠	自	適
멀	멀	스스로	맞을

悠	悠	自	適
멀 유	멀 유	스스로 자	맞을 적

'여유가 있어 한가롭고 걱정이 없는 모양'이라는 뜻으로, 속세를 떠나 아무 속박 없이 조용하고 편안하게 사는 것을 가리킨다.

이심전심

以	心	傳	心
써	마음	전할	마음

以	心	傳	心

'마음에서 마음으로 전한다.'라는 뜻으로, 말을 주고받지 않아도 서로 마음이 통하는 경우에 쓰인다.

인과응보

因	果	應	報
인할	실과	응할	갚을

因	果	應	報

'원인과 결과는 서로 물고 물린다.'라는 뜻으로, 좋은 일에는 좋은 결과가, 나쁜 일에는 나쁜 결과가 따른다는 것을 의미한다.

인면수심

人	面	獸	心
사람	낯	짐승	마음

人	面	獸	心

'사람의 얼굴에 마음은 짐승과 같다.'라는 뜻으로, 마음이나 행동이 몹시 흉악한 사람을 일컫는 표현이다.

인명재천

人	命	在	天
사람	목숨	있을	하늘

人	命	在	天

'사람의 목숨은 하늘에 있다.'라는 뜻으로, 목숨의 길고 짧음은 사람의 힘으로 어쩔 수 없음을 가리킨다.

인사불성

人	事	不	省
사람	일	아닐	살필

人	事	不	省

'사람으로서 지켜야 할 예절을 차릴 줄 모른다.'라는 뜻으로, 정신을 잃어 의식이 없는 상태를 일컫는다.

실전 문제로 어휘력 완성하기

● 다음 시를 읽고 물음에 답하시오.

> 들길은 마을에 들자 붉어지고
> 마을 골목은 들로 내려서자 푸르러졌다
> 바람은 넘실 천 이랑 만 이랑
> 이랑 이랑 햇빛이 갈라지고
> 보리도 허리통이 부끄럽게 드러났다
> 꾀꼬리는 여태 혼자 날아 볼 줄 모르나니
> 암컷이라 쫓길 뿐
> 수놈이라 쫓을 뿐
> 황금 빛난 길이 어지럴 뿐
> 얇은 단장하고 아양 가득 차 있는
> 산봉우리야 오늘밤 너 어디로 가 버리런?
>
> – 김영랑, 「오월」

01 이 시의 성격으로 가장 적절한 것은?
① 사실적　　② 상징적　　③ 서경적　　④ 서사적　　⑤ 사색적

● 다음 시를 읽고 물음에 답하시오.

> 여기저기서 단풍잎 같은 슬픈 가을이 뚝뚝 떨어진다. 단풍잎 떨어져 나온 자리마다 봄을 마련해 놓고 나뭇가지 위에 하늘이 펼쳐 있다. 가만히 하늘을 들여다보려면 눈썹에 파란 물감이 든다. 두 손으로 따뜻한 볼을 쓸어보면 손바닥에도 파란 물감이 묻어난다. 다시 손바닥을 들여다본다. 손금에는 맑은 강물이 흐르고, 맑은 강물이 흐르고, 강물 속에는 사랑처럼 슬픈 얼굴– 아름다운 순이의 얼굴이 어린다. 소년은 황홀히 눈을 감아 본다. 그래도 맑은 강물은 흘러 사랑처럼 슬픈 얼굴– 아름다운 순이의 얼굴은 어린다.
>
> – 윤동주, 「소년」

02 이 시의 성격으로 가장 적절한 것은?
① 산문적　　② 탈속적　　③ 서경적　　④ 서사적　　⑤ 관조적

- **03~05** 다음 설명에 맞는 글자를 골라 ①한글과 ②한자로 쓰시오.

03 지지 않으려고 맞서서 버팀. 서로 맞서서 승부를 겨룸.　(①　　　　　　　), (②　　　　　　　)

04 인재를 골라 뽑아서 씀.　(①　　　　　　　), (②　　　　　　　)

05 뒤떨어진 것이나 잃은 것 따위를 돌이켜 원래의 상태로 회복함.
　(①　　　　　　　), (②　　　　　　　)

- **06~08** 제시된 초성을 참고하여 다음 예문을 완성하시오.

06 도시에 염증을 느낀 그는 농사를 짓기 위해 ㄴ ㅎ 을 결심했다.　(　　　　　　　)
시골로 거처를 옮기거나 이사함.

07 방사능의 ㄴ ㅅ 로 그 지역은 크게 오염되었다.　(　　　　　　　)
기체나 액체가 밖으로 새어 나감. 비밀이 새어 나감.

08 싼값에 토지를 ㅁ ㅅ 할 수 있는 기회를 놓쳤다.　(　　　　　　　)
주식이나 부동산 등을 사들임.

- **09~11** 보기 를 참고하여 내용에 맞는 사자성어를 완성하시오.

보기

유 인 응 성 인 자
과 사 적 불 보 유

09 속세를 떠나 아무 속박 없이 조용하고 편안하게 삶.　(　　　　　　　)

10 좋은 일에는 좋은 결과가, 나쁜 일에는 나쁜 결과가 따름.　(　　　　　　　)

11 사람으로서 예의 있게 행동하지 않음.　(　　　　　　　)

STEP 1 기본 실력 점검하기

제1차시   **국어 실력 확인 문제**

※ 다음 시를 읽고 물음에 답하시오.

> 까마득한 날에
> 하늘이 처음 열리고
> 어데 닭 우는 소리 들렸으랴
>
> 모든 산맥들이
> 바다를 연모해 휘달릴 때도
> 차마 이곳을 범하던 못하였으리라
>
> — 이육사, 「광야」 중에서

01 이 시의 밑줄 친 곳에 쓰인 비유법은?

① 중의법   ② 의인법
③ 대유법   ④ 풍유법

※ 다음 시를 읽고 물음에 답하시오.

> 청산리(青山裏) 벽계수(碧溪水)야 수이 감을 자랑
> 마라.
> 일도창해(一到滄海) 허면 다시 오기 어려워라.
> 명월(明月)이 만공산(滿空山) 허니 쉬어 간들
> 어떠리.
>
> — 황진이, 「청산리 벽계수야」

02 이 시에 쓰인 비유법은?

① 풍유법   ② 대조법
③ 은유법   ④ 중의법

※ **03~06** 다음 설명에 맞는 단어를 보기 에서 찾아 쓰시오.

보기

| 무료 무모 모멸 문책 |

---

03 남을 하찮게 여기고 얕잡아 봄. (   )

04 흥미 있는 일이 없어 심심하고 지루함.
(   )

05 앞뒤를 깊이 헤아려 생각하는 분별력이나 지혜가 없음. (   )

06 일의 책임을 캐묻고 꾸짖음. (   )

※ **07~10** 다음 설명을 읽고 제시된 초성에 맞는 단어를 쓰시오.

07 내용이나 뜻을 분명하게 드러내 보이는 것.

ㅁ ㅅ □□

08 모조리 잡아 없애는 것을 뜻함.

ㅂ ㅁ □□

09 어떤 일에 직접 관여하지 않고 곁에서 보기만 함.

ㅂ ㄱ □□

10 두 배 또는 몇 배로 늘어남.

ㅂ ㄱ □□

11 사고방식, 상태, 성질 따위가 서로 통하거나 비슷한 것을 뜻하는 사자성어는?

① 일장춘몽(一場春夢)   ② 일목요연(一目瞭然)
③ 일맥상통(一脈相通)   ④ 인지상정(人之常情)

12 말이나 글이 한 번 보아서 훤히 알 수 있을 정도로 분명한 경우에 사용하는 사자성어는?

① 일거양득(一擧兩得)   ② 인지상정(人之常情)
③ 일장춘몽(一場春夢)   ④ 일목요연(一目瞭然)

시험 빈출 어휘로 국어 개념 잡기

의인법 비길 擬 사람 人

사람이 아닌 것에 인격을 부여하여 사람처럼 생각하고, 느끼고 행동하게 표현하는 방법이다. 사람이 아닌 무생물이나 동식물에 인간적인 속성을 부여하여 시적 화자의 정서나 시적 분위기, 주제 등을 강조하는 수사법이다.

예시 이육사, 「광야」 중에서

모든 산맥들이
바다를 연모해 휘달릴 때도
차마 이곳을 범하던 못하였으리라

활유법 살 活 깨우칠 喩

무생물을 생물인 것처럼, 감정이 없는 것을 감정이 있는 것처럼 표현하는 방법이다. 대상에 인간의 속성을 부여하는 의인법과는 달리 동물적인 본능이나 단순한 감정과 움직임을 표현하는 것이 활유법이다.

• 하늘의 별들도 잠이 드는 밤
• 여린 날갯짓으로 날아오르는 민들레 홀씨
• 이른 아침 바다는 삼켰던 해를 뱉는다.
• 무섭게 쫓는 파도와 도망치는 모래
• 어둠은 생명을 낳고 희망으로 자란다.

풍유법 풍자할 諷 타이를 諭

시적 대상인 원관념을 직접 드러내지 않고 속담, 격언, 우화 등을 이용하여 풍자하는 방법이다. 말하고자 하는 원관념은 숨긴 채 특정 대상을 은근히 비꼬아 속뜻을 짐작하여 깨닫도록 하는 수사법이다.

• 금강산도 식후경
• 등잔 밑이 어둡다.
• 시간은 금이다.
• 빈 수레가 더 요란하다.

중의법 무거울 重 옳을 義

하나의 단어나 문장으로 두 가지 이상의 의미를 나타내는 표현 방법이다. 하나의 보조 관념으로 두 가지 이상의 원관념을 표현한다.

예시 황진이, 「청산리 벽계수야」

청산리(靑山裏) 벽계수(碧溪水)야 수이 감을 자랑 마라.
　　　　　　　① 흐르는 물 ② 사람 이름
일도창해(一到滄海)허면 다시 오기 어려워라.
명월(明月)이 만공산(滿空山) 허니 쉬어 간들 어떠리.
① 밝은 달 ② 황진이의 예명

교과서 필수 단어로 어휘력 키우기

명시
밝을 明 보일 示

내용이나 뜻을 분명하게 드러내 보이는 것.

예 책에 인용한 정보의 출처를 반드시 ☐☐ 해야 한다.

모멸
업신여길 侮 업신여길 蔑

남을 하찮게 여기고 얕잡아 봄.

예 천민 출신이라 당해야 했던 ☐☐ 과 천시에서 벗어났다.

무료
없을 無 애오라지 聊

흥미 있는 일이 없어 심심하고 지루함.

예 발목을 삐어 집에 있는 동안 만화책으로 ☐☐ 함을 달랬다.

무모
없을 無 꾀 謀

앞뒤를 깊이 헤아려 생각하는 분별력이나 지혜가 없음.

예 그의 회사는 ☐☐ 한 사업 확장으로 결국 부도가 났다.

무안
없을 無 낯 顔

당혹스럽거나 쑥스럽고 부끄러워 낯을 바로 들기가 어려움.

예 친구들 앞에서 ☐☐ 을 당하니 자존심이 상했다.

문책
물을 問 꾸짖을 責

일의 책임을 캐묻고 꾸짖음.

예 잘못 인쇄된 글자 때문에 담당자가 ☐☐ 을 당했다.

박멸
칠 撲 꺼질 滅

모조리 잡아 없앰.

예 모든 해충을 한꺼번에 ☐☐ 할 수 있는 살충제가 나왔다.

발산
필 發 흩을 散

감정이나 욕구 또는 충동 등을 밖으로 드러내어 해소함.

예 스트레스를 받지 않으려면 억눌린 감정을 ☐☐ 해야 한다.

방관
곁 傍 관 觀

어떤 일에 직접 나서서 관여하지 않고 곁에서 보기만 함.

예 우리 반 일인데 남의 일처럼 ☐☐ 만 할 수는 없다.

배가
곱 倍 더할 加

두 배 또는 몇 배로 늘어남.

예 높은 인기 덕분에 올해 매출이 작년과 비교해서 ☐☐ 되었다.

사자성어로 어휘력 확장하기

※ 한자를 따라 쓰고 뜻과 음을 쓰세요.

인지상정

人	之	常	情
사람	갈	떳떳할	뜻

人	之	常	情
사람 인	갈 지	떳떳할 상	뜻 정

사람이라면 누구나 가지는 보통의 마음을 뜻한다.

일거양득

一	擧	兩	得
한	들	두	얻을

一	擧	兩	得

'하나를 들어 둘을 얻는다.'라는 뜻으로, 한 가지 일을 하여 두 가지 이익을 얻는 경우를 나타낸다.

일망타진

一	網	打	盡
한	그물	칠	다할

一	網	打	盡

'그물을 한 번 쳐서 물고기를 모조리 잡는다.'라는 뜻으로, 어떤 무리를 한꺼번에 모조리 다 잡는 것을 일컫는다.

일맥상통

一	脈	相	通
한	줄기	서로	통할

一	脈	相	通

'하나의 줄기가 서로 통한다.'라는 뜻으로, 사고방식, 상태, 성질 따위가 서로 통하거나 비슷해짐을 의미한다.

일목요연

一	目	瞭	然
한	눈	밝을	그럴

一	目	瞭	然

'한눈에 알아볼 수 있게 밝고 뚜렷하다.'라는 뜻으로, 한눈에 알아볼 수 있게 잘 정돈되고 조리 있게 만들어진 것을 가리킨다.

일장춘몽

一	場	春	夢
한	마당	봄	꿈

一	場	春	夢

'한바탕의 봄꿈'이라는 뜻으로, 인생의 모든 부귀영화가 꿈처럼 덧없이 사라지는 것을 비유하는 표현이다.

실전 문제로 어휘력 완성하기

● 다음 시를 읽고 물음에 답하시오.

> 누나가 손으로 다지고 나면
> 바둑이가 앞발로 다지고
> 괭이가 꼬리로 다진다.
>
> 우리가 눈 감고 한 밤 자고 나면
> 이슬이 나려와 같이 자고 가고,
>
> — 정지용, 「해바라기 씨」 중에서

01 이 시에서 무생물인데 살아있는 생물처럼 표현한 대상을 찾아 쓰시오.

(   )

● 다음 시를 읽고 물음에 답하시오.

> 밤이면 고총 아래 고개 숙이고
> 낮이면 하늘 보고 웃음 좀 웃고
> 너른 들 쓸쓸하여 외론 할미꽃
> 아무도 몰래 지는 새벽 지친 별
>
> — 김영랑, 「외론 할미꽃」

02 이 시에 쓰인 대표적인 비유법을 쓰시오.   (   )

● 다음 시를 읽고 물음에 답하시오.

> 아, 강낭콩꽃보다도 더 푸른
> 그 물결 위에
> 양귀비꽃보다도 더 붉은
> 그 마음 흘러라.
>
> — 변영로, 「논개」 중에서

03 이 시에서 '물결'은 논개가 몸을 던진 남강을 뜻하며, 동시에 '역사'를 의미한다.
이처럼 하나의 표현에 둘 이상의 뜻을 담고 있는 표현 방법은?

(   )

● 04~06 다음 설명에 맞는 글자를 골라 ①한글과 ②한자로 쓰시오.

責 꾸짖을 책	謀 꾀 모	問 물을 문	示 보일 시	明 밝을 명	無 없을 무

04 내용이나 뜻을 분명하게 드러내 보이는 것.　　　　　(①　　　　　　), (②　　　　　　)

05 앞뒤를 깊이 헤아려 생각하는 분별력이나 지혜가 없음.　(①　　　　　　), (②　　　　　　)

06 일의 책임을 캐묻고 꾸짖음.　　　　　　　　　　　(①　　　　　　), (②　　　　　　)

● 07~09 제시된 초성을 참고하여 다음 예문을 완성하시오.

07 친구에게 도움을 주려다 되레 ㅁ ㅇ 만 당했다.　　　　　　　（　　　　　　）
　　　당혹스럽거나 쑥스럽고 부끄러워 낯을 바로 들기가 어려움.

08 이 살충제는 파리, 모기, 바퀴 등을 한꺼번에 ㅂ ㅁ 할 수 있다.　（　　　　　　）
　　　모조리 잡아 없앰.

09 어떤 도움도 주지 않고 남의 일처럼 ㅂ ㄱ 만 하고 있었다.　　（　　　　　　）
　　　어떤 일에 직접 나서서 관여하지 않고 곁에서 보기만 함.

● 10~12 보기 를 참고하여 내용에 맞는 사자성어를 완성하시오.

보기

상	일	거	장	인	득
일	지	춘	정	몽	양

10 사람이면 누구나 가지는 보통의 마음.　　　　　　　　（　　　　　　）

11 한 가지 일을 하여 두 가지 이익을 얻음.　　　　　　　（　　　　　　）

12 인생의 부귀영화가 덧없이 사라짐을 비유한 말.　　　　　（　　　　　　）

국어 실력 확인 문제

제1차시

※ 다음 시를 읽고 물음에 답하시오.

> 이 몸이 죽고 죽어 일백 번 고쳐 죽어
> 백골이 진토(塵土) 되어 넋이라도 있고 없고
> 임 향한 일편단심(一片丹心)이야 가실 줄이 있으랴.
>
> – 정몽주, 「단심가(丹心歌)」

01 이 시에서 두드러지게 나타나는 성격은?

① 설의적   ② 성찰적
③ 수용적   ④ 주지적

※ 다음 시를 읽고 물음에 답하시오.

> 누나라고 불러 보랴
> 오오 불설워
> 시새움에 몸이 죽은 우리 누나는
> 죽어서 접동새가 되었습니다.
>
> 아홉이나 남아 되던 오랩동생을
> 죽어서도 못 잊어 차마 못 잊어
> 야삼경(夜三更) 남 다 자는 밤이 깊으면
> 이 산 저 산 옮아가며 슬피 웁니다.
>
> – 김소월, 「접동새」 중에서

02 이 시에서 두드러지게 나타나는 성격은?

① 설의적   ② 성찰적
③ 수용적   ④ 애상적

※ **03~06** 다음 설명에 맞는 단어를 보기 에서 찾아 쓰시오.

> **보기**
>
> 배제   비약   봉착   부심

03 받아들이지 않고 물리쳐서 따돌리거나 제외함.
(   )

04 어떤 처지나 상태에 부닥침.   (   )

05 어떤 문제를 해결하기 위한 방안을 생각해 내느라고 몹시 애씀.   (   )

06 지위나 수준이 갑자기 빠른 속도로 높아지거나 향상됨.   (   )

※ **07~10** 다음 설명을 읽고 제시된 초성에 맞는 단어를 쓰시오.

07 바람직하지 못한 사상이나 물건, 세력 등이 마구 쏟아져 나와 퍼짐.

ㅂㄹ □□

8 어떤 대상이 다른 대상에 서로 꼭 들어맞는 것.

ㅂㅎ □□

09 어떤 사실 따위를 분명하게 묻지 않고 덮어둠.

ㅂㅁ □□

10 남을 깎아내리거나 해치는 말을 함.

ㅂㅂ □□

11 하나의 일이 그 일로 끝나지 않고 더 큰 일로 번지거나 많은 일로 이어질 때 사용하는 사자성어는?

① 일촉즉발(一觸卽發)   ② 일파만파(一波萬波)
③ 일편단심(一片丹心)   ④ 일취월장(日就月將)

12 그때그때 처한 사태에 맞추어 즉각 그 자리에서 결정하거나 처리함을 뜻하는 사자성어는?

① 일취월장(日就月將)   ② 일촉즉발(一觸卽發)
③ 임기응변(臨機應變)   ④ 자업자득(自業自得)

시험 빈출 어휘로 국어 개념 잡기

설의적 베풀 設 의심할 疑

설의적 표현은 누구나 답을 아는 내용을 묻는 형식으로 표현하여 화자의 생각을 강조한다. 정몽주의 「단심가」는 이방원의 「하여가」에 대한 답가로, 고려에 대한 충절을 지키겠다는 의지를 설의적 표현을 통해 강조하고 있다.

예시 정몽주, 「단심가(丹心歌)」

이 몸이 죽고 죽어 일백 번 고쳐 죽어
백골이 진토(塵土) 되어 넋이라도 있고 없고
임 향한 일편단심(一片丹心)이야 가실 줄이 있으랴.

성찰적 살필 省 살필 察

자신의 마음이나 언행 따위를 돌이켜보고 깊이 반성하는 것. 윤동주의 「서시」에서 화자는 자아 성찰을 통해서 자신의 잘못을 반성하고, 부끄러움 없는 순수한 삶을 살겠다는 다짐과 의지를 표현한다.

예시 윤동주, 「서시」 중에서

죽는 날까지 하늘을 우러러
한 점 부끄럼이 없기를,
잎새에 이는 바람에도
나는 괴로워했다.

수용적 받을 受 얼굴 容

어떤 것을 받아들이는 것. 운명으로 인해 이미 정해져 노력으로 어쩔 수 없을 때 상황을 순응적으로 받아들이는 분위기의 시에서 느낄 수 있다.

예시 김소월, 「산유화」 중에서

산에서 우는 작은 새여,
꽃이 좋아
산에서
사노라네.

애상적 슬플 哀 다칠 傷

슬퍼하고 가슴 아파하는 것. 김소월의 「접동새」는 비극적인 죽음을 맞아 접동새가 된 누나를 떠올리며 그리워하는 시로, 애상적인 어조를 통해 비극적 분위기를 드러내고 있다.

예시 김소월, 「접동새」 중에서

누나라고 불러 보랴
오오 불설워
시새움에 몸이 죽은 우리 누나는
죽어서 접동새가 되었습니다.

아홉이나 남아 되던 오랩동생을
죽어서도 못 잊어 차마 못 잊어
야삼경(夜三更) 남 다 자는 밤이 깊으면
이 산 저 산 옮아가며 슬피 웁니다.

교과서 필수 단어로 어휘력 키우기

배제 밀칠 排 덜 除	받아들이지 않고 물리쳐서 따돌리거나 제외함. **예** 대표 선출 과정에서 우리 측 선수의 [ ][ ]는 용납할 수 없다.
범람 넓을 汎 넘칠 濫	• 강이나 개천 등의 물이 흘러넘침. • 바람직하지 못한 사상이나 물건, 세력 등이 마구 쏟아져 나와 퍼짐. **예** 한강의 [ ][ ]으로 많은 수재민이 생겼다.
봉착 만날 逢 붙을 着	어떤 처지나 상태에 부닥침. **예** 양측의 협상이 난관에 [ ][ ]하자 회장이 중재를 나섰다.
부심 썩을 腐 마음 心	어떤 문제를 해결하기 위한 방안을 생각해 내느라고 몹시 애씀. **예** 이번 사건을 해결하기 위해 노사가 대책 마련에 [ ][ ]했다.
부합 기호 符 합할 合	어떤 대상이 다른 대상에 서로 꼭 들어맞는 것. **예** 국민 투표는 민주 정치의 근본이념과 [ ][ ]하는 제도이다.
분간 나눌 分 가릴 揀	사물이나 사람의 옳고 그름, 좋고 나쁨과 그 정체를 구별하거나 가려서 앎. **예** 그녀의 말이 진심인지 [ ][ ]이 되지 않았다.
분산 나눌 分 흩을 散	따로따로 나뉘어 흩어짐. **예** 인구의 [ ][ ]을 위해 주요 관공서를 지방으로 옮겨야 한다.
불문 아닐 不 물을 問	어떤 사실 따위를 분명하게 묻지 않고 덮어둠. **예** 개발에 따른 환경 파괴에 대해서는 [ ][ ]에 부쳤다.
비방 헐뜯을 誹 헐뜯을 謗	남을 깎아내리거나 해치는 말을 함. **예** 그는 경기에서 패하자 상대에게 [ ][ ]과 욕설을 퍼붓었다.
비약 날 飛 뛸 躍	지위나 수준이 갑자기 빠른 속도로 높아지거나 향상됨. **예** 그 회사는 올해 매출 1위의 놀라운 [ ][ ]을 이루었다.

사자성어로 어휘력 확장하기

※ 한자를 따라 쓰고 뜻과 음을 쓰세요.

일촉즉발

一	觸	卽	發
한	닿을	곧	필

—	觸	卽	發
한 일	닿을 촉	곧 즉	필 발

'한 번 닿기만 하여도 곧 폭발한다.'라는 뜻으로, 조금만 건드려도 곧 폭발할 것 같은 몹시 위험한 상태를 가리킨다.

일취월장

日	就	月	將
날	나아갈	달	장수

日	就	月	將

'날마다 달마다 성장하고 발전한다.'라는 뜻으로, 시간이 갈수록 크게 발전하는 모습을 일컫는 표현이다.

일파만파

一	波	萬	波
한	물결	일만	물결

—	波	萬	波

'하나의 파도가 만 개의 파도를 일으킨다.'라는 뜻으로, 하나의 작은 일이 더 큰일로 번지거나 많은 일로 이어지는 것을 가리킨다.

일편단심

一	片	丹	心
한	조각	붉을	마음

—	片	丹	心

'한 조각의 붉은 마음'이라는 뜻으로, 군주를 향한 신하의 충성심처럼 변치 않는 참된 마음을 일컫는다.

임기응변

臨	機	應	變
임할	틀	응할	변할

臨	機	應	變

그때그때의 형편에 따라 알맞게 일을 처리하는 것을 뜻한다.

자업자득

自	業	自	得
스스로	일	스스로	얻을

自	業	自	得

'자기가 저지른 일의 결과를 자기가 받는다.'라는 뜻으로, 자기가 저지른 일의 결과를 스스로 돌려받는 경우를 일컫는 표현이다.

실전 문제로 어휘력 완성하기

● **01~02** 다음 시를 읽고 물음에 답하시오.

> 산모퉁이를 돌아 논가 외딴 우물을 홀로 찾아가선 가만히 들여다
> 봅니다.
>
> 우물 속에는 달이 밝고 구름이 흐르고 하늘이 펼치고 파아란 바
> 람이 불고 가을이 있습니다.
>
> 그리고 한 사나이가 있습니다.
> 어쩐지 그 사나이가 미워져 돌아갑니다.
>
> — 윤동주, 「자화상」 중에서

01 이 시의 성격으로 가장 적절한 것은?

① 서정적   ② 애상적   ③ 관조적   ④ 수용적   ⑤ 성찰적

02 화자가 자아 성찰을 하도록 돕는 매개체를 찾아 2음절로 쓰시오.

(   )

● 다음 시를 읽고 물음에 답하시오.

> 구름이 꼬인다 갈 리 있소.
> 새 노래는 공으로 들으랴오.
> 강냉이가 익걸랑
> 함께 와 자셔도 좋소.
>
> 왜 사냐건
> 웃지요.
>
> — 김상용, 「남으로 창을 내겠소」 중에서

03 화자의 생각을 강조하기 위해 누구나 답을 아는 내용을 의문문 형태로 나타내는 표현은?

(   ) 표현

● 04~06 다음 설명에 맞는 글자를 골라 ①한글과 ②한자로 쓰시오.

除	濫	問	排	不	汎
덜 제	넘칠 람	물을 문	밀칠 배	아닐 불	넓을 범

04 받아들이지 않고 물리쳐서 따돌리거나 제외함.   (①   ), (②   )

05 바람직하지 못한 사상이나 물건, 세력 등이 마구 쏟아져 나와 퍼짐.
                                                  (①   ), (②   )

06 어떤 사실 따위를 분명하게 묻지 않고 덮어둠.   (①   ), (②   )

● 07~09 제시된 초성을 참고하여 다음 예문을 완성하시오.

07 노사의 협상이 난관에 ㅂㅊ 했다는 소식이 실시간으로 전해졌다.   (   )
                   어떤 처지나 상태에 부닥침.

08 이번 선거에서는 정치 개혁에 ㅂㅎ 하는 인물을 뽑아야 한다.   (   )
                          어떤 대상이 다른 대상에 서로 꼭 들어맞는 것.

09 육상 종목에서 한국의 ㅂㅇ 은 세계적인 화제가 되었다.   (   )
               지위나 수준이 갑자기 빠른 속도로 높아지거나 향상됨.

● 10~12 <보기>를 참고하여 내용에 맞는 사자성어를 완성하시오.

보기

촉	기	득	변	자	일
자	발	응	즉	업	임

10 조금만 건드려도 곧 폭발할 것 같은 몹시 위험한 상태를 말함.   (   )

11 그때그때 처한 사태에 맞추어 즉각 그 자리에서 결정하거나 처리함.   (   )

12 자기가 저지른 일의 결과를 자기가 받음.   (   )

제1차시 국어 실력 확인 문제

※ 다음 시를 읽고 물음에 답하시오.

> 먼 훗날 당신이 찾으시면
> 그때에 내 말이 "잊었노라."
>
> 당신이 속으로 나무라면
> "무척 그리다가 잊었노라."
>
> 그래도 당신이 나무라면
> "믿기지 않아서 잊었노라."
>
> – 김소월, 「먼 후일」 중에서

01 이 시에서 사용된 대표적인 비유법은?

① 대조법　　　　② 과장법
③ 점층법　　　　④ 영탄법

※ 다음 시를 읽고 물음에 답하시오.

> 님은 갔습니다. 아아, 사랑하는 나의 님은 갔습니다. 푸른 산빛을 깨치고 단풍나무 숲을 향하여 난 작은 길을 걸어서 차마 떨치고 갔습니다.
> 황금의 꽃같이 굳고 빛나던 옛 맹세는 차디찬 티끌이 되어서 한숨의 미풍에 날아갔습니다.
>
> – 한용운, 「님의 침묵」 중에서

02 밑줄 친 곳에 사용된 비유법은?

① 대조법　　　　② 과장법
③ 점층법　　　　④ 영탄법

※ **03~06** 다음 설명에 맞는 단어를 **보기**에서 찾아 쓰시오.

> **보기**
>
> 수렴　　빙자　　숙고　　섬멸

03 어떤 목적을 위하여 무엇을 이용하거나 어떤 일의 핑계로 삼음. (　　　　　)

04 모조리 무찔러 멸망시킴. (　　　　　)

05 여럿으로 나뉘어 있는 의견이나 생각 등을 하나로 모음. (　　　　　)

06 깊고 신중히 잘 생각함. (　　　　　)

※ **07~10** 다음 설명을 읽고 제시된 초성에 맞는 단어를 쓰시오.

07 슬픈 기별이나 소식.

ㅂㅂ □□

08 이미 저질러 놓은 일이나 짓.

ㅅㅎ □□

09 사람을 강압적으로 얽어매거나 자유롭지 못하게 함.

ㅅㅂ □□

10 사람을 가르쳐 생각이나 감정을 바람직하게 변하게 함.

ㅅㅎ □□

11 일의 처음부터 끝까지의 전체 과정을 뜻하는 사자성어는?

① 자포자기(自暴自棄)　　② 자화자찬(自畵自讚)
③ 전무후무(前無後無)　　④ 자초지종(自初至終)

12 어떤 일을 맡기기에 알맞은 재능을 가진 사람을 알맞은 자리에 쓴다는 뜻의 사자성어는?

① 적반하장(賊反荷杖)　　② 자초지종(自初至終)
③ 적재적소(適材適所)　　④ 자포자기(自暴自棄)

시험 빈출 어휘로 국어 개념 잡기

반복법 돌이킬 反 회복할 復	**예시** 김소월, 「초혼」 중에서
같거나 비슷한 단어, 어구, 문장 등을 되풀이하며 강조하는 수사법.	산산이 부서진 이름이여! 허공 중에 헤어진 이름이여! 불러도 주인 없는 이름이여!

점층법 점점 漸 층 層	**예시** 김소월, 「먼 후일」 중에서
말하고자 하는 내용의 비중이나 강도를 점차 높이거나 넓혀 그 뜻을 강조하는 수사법. 김소월의 「먼 후일」에서는 '잊었노라'라는 표현을 점점 더 강하게 점층적으로 표현하고 있다.	잊었노라 ↓ 무척 그리다가 잊었노라 ↓ 믿기지 않아서 잊었노라

비교법 견줄 比 견줄 較	**예시** 변영로, 「논개」 중에서
비슷한 두 사실을 서로 비교하여 그 차이로써 어느 한쪽을 강조하는 수사법. '-만큼', '-보다', '-처럼', '-같이' 등의 비교격 조사를 주로 사용한다.	거룩한 분노는 종교보다도 깊고 불붙는 정열은 사랑보다도 강하다.

대조법 대할 對 비칠 照	**예시** 김소월, 「산」 중에서
서로 반대되는 내용을 맞세워 강조하거나 선명한 인상을 주려는 수사법. 주로 단어, 의미, 색상, 감각 등을 대조시킨다.	산에는 오는 눈, 들에는 녹는 눈 산새도 오리나무 위에서 운다. 삼수갑산 가는 길은 고개의 길.

영탄법 읊을 詠 탄식할 歎	**예시** 한용운, 「님의 침묵」 중에서
감탄사, 감탄형 어미를 이용하여 기쁨·슬픔·놀라움과 같은 감정을 더 강하게 표현하는 수사법.	아아, 님은 갔지마는 나는 님을 보내지 아니하였습니다.

교과서 필수 단어로 어휘력 키우기

비보
슬플 悲 알릴 報

슬픈 기별이나 소식.

예 폭우로 댐이 무너져 마을이 잠길 수 있다는 [   ] 가 날아들었다.

비옥
살찔 肥 기름질 沃

식물이 자라는 데 필요한 양분이 많음.

예 땅이 [   ] 하여 농사를 짓기에 알맞다.

빙자
기댈 憑 깔 藉

어떤 목적을 위하여 무엇을 이용하거나 어떤 일의 핑계로 삼음.

예 그는 지병을 [   ] 해 집행유예로 풀려났다.

선별
가릴 選 나눌 別

일정한 기준을 따라 가려서 따로 나눔.

예 엄격한 [   ] 과정을 통해 우수한 제품만을 판매한다.

섬멸
다 죽일 殲 꺼질 滅

모조리 무찔러 멸망시킴.

예 본거지를 기습하여 적군을 [   ] 하라는 명령이 떨어졌다.

소행
바 所 다닐 行

이미 저질러 놓은 일이나 짓.

예 두 사건은 모두 동일범의 [   ] 으로 보인다.

속박
묶을 束 얽을 縛

사람을 강압적으로 얽어매거나 자유롭지 못하게 함.

예 신분 제도의 붕괴로 노비는 양반의 [   ] 에서 벗어났다.

수렴
거둘 收 거둘 斂

여럿으로 나뉘어 있는 의견이나 생각 등을 하나로 모음.

예 정부는 여론 [   ] 과정을 거쳐 정책을 결정해야 한다.

숙고
익을 熟 생각할 考

깊고 신중히 잘 생각함.

예 그녀는 오랜 [   ] 끝에 유학을 결정했다.

순화
진한 술 醇 될 化

사람을 가르쳐 생각이나 감정을 바람직하게 변하게 함.

예 스포츠는 청소년의 정서 [   ] 에 큰 도움을 준다.

사자성어로 어휘력 확장하기

※ 한자를 따라 쓰고 뜻과 음을 쓰세요.

자초지종

自	初	至	終
스스로	처음	이를	마칠

自	初	至	終
스스로 자	처음 초	이를 지	마칠 종

'처음부터 끝까지 이르는 동안'이라는 뜻으로, 일의 처음부터 끝까지의 전체 과정을 가리키는 말이다.

자포자기

自	暴	自	棄
스스로	사나울	스스로	버릴

自	暴	自	棄

'자신을 스스로 해치고 버린다.'라는 뜻으로, 절망에 빠져 자신을 스스로 포기하고 돌아보지 아니함을 의미한다.

자화자찬

自	畫	自	讚
스스로	그림	스스로	기릴

自	畫	自	讚

'자기가 그린 그림을 스스로 칭찬한다.'라는 뜻으로, 자기가 한 일을 스스로 자랑함을 이르는 말이다.

적반하장

賊	反	荷	杖
도둑	돌이킬	멜	지팡이

賊	反	荷	杖

'도둑이 도리어 몽둥이를 든다.'라는 뜻으로, 잘못한 사람이 잘못이 없는 사람을 비난할 경우에 쓰는 말이다.

적재적소

適	材	適	所
맞을	재목	맞을	바

適	材	適	所

'적절한 재목을 적절한 곳에 사용한다.'라는 뜻으로, 어떤 일을 맡기기에 알맞은 재능을 가진 사람을 적당한 자리에 쓸 때 사용한다.

전무후무

前	無	後	無
앞	없을	뒤	없을

前	無	後	無

'전에도 없었고 앞으로도 없음.'이라는 뜻으로, 비교할 대상이 이전에도 없고 이후에도 없을 정도로 특별한 경우를 가리킨다.

실전 문제로 어휘력 완성하기

● 01~02 다음 시를 읽고 물음에 답하시오.

거룩한 분노는
종교보다도 깊고
불붙는 정열은
사랑보다도 강하다.
아, 강낭콩 꽃보다도 더 푸른
그 물결 위에
양귀비꽃보다도 더 붉은
그 마음 흘러라.

– 변영로, 「논개」 중에서

01 이 시에서 논개의 의로운 죽음을 강조하기 위해 사용한 수사법은?

① 은유법　② 직유법　③ 열거법　④ 비교법　⑤ 점층법

02 논개의 조국애를 강조하기 위해 어떤 색채들을 대조시켜 표현했나?

|　|　|　| 과 |　|　|　| 의 색채 |　|　| 를 통해 주제를 강조하였다.

ㅂ　ㅇ　ㅅ　　ㅍ　ㄹ　ㅅ　　ㄷ　ㅈ

● 03~04 다음 시를 읽고 물음에 답하시오.

못 잊어 생각이 나겠지요,
그런대로 한세상 지내시구려,
사노라면 잊힐 날 있으리다.

못 잊어 생각이 나겠지요,
그런대로 세월만 가라시구려,
못 잊어도 더러는 잊히오리다.

– 김소월, 「못 잊어」 중에서

03 이 시의 주제를 강조하는 데 가장 크게 기여한 수사법은?

① 과장법　② 직유법　③ 반복법　④ 영탄법　⑤ 점층법

04 이 시의 주제를 담고 있으며 **03**의 수사법이 쓰인 구절을 찾아 쓰시오.

(　　　　　　　　　　　　　　　　)

● 05~07 다음 설명에 맞는 글자를 골라 ①한글과 ②한자로 쓰시오.

報	滅	藉	殲	憑	悲
알릴 보	꺼질 멸	깔 자	다 죽일 섬	기댈 빙	슬플 비

05 어떤 목적을 위하여 무엇을 이용하거나 어떤 일의 핑계로 삼음.

(①   ), (②   )

06 슬픈 기별이나 소식.

(①   ), (②   )

07 모조리 무찔러 멸망시킴.

(①   ), (②   )

● 08~10 제시된 초성을 참고하여 다음 예문을 완성하시오.

08 각계 전문가의 의견을 ㅅㄹ 하여 정책에 반영해야 한다. (   )
여럿으로 나뉘어 있는 의견이나 생각 등을 하나로 모음.

09 그는 중대한 결단을 앞두고 장기간의 ㅅㄱ 에 들어갔다. (   )
깊고 신중히 잘 생각함.

10 청소년 선도에는 처벌보다는 ㅅㅎ 가 더 중요하다. (   )
사람을 가르쳐 생각이나 감정을 바람직하게 변하게 함.

19

● 11~13 보기를 참고하여 내용에 맞는 사자성어를 완성하시오.

보기

자	재	찬	소	후	화
적	무	자	무	적	전

11 전에도 없었고 앞으로도 없음. (   )

12 어떤 일을 맡기기에 알맞은 재능을 가진 사람을 알맞은 자리에 씀. (   )

13 자기가 한 일을 스스로 자랑함을 이르는 말. (   )

기본 실력 점검하기

국어 실력 확인 문제

제1차시

※ 다음 시를 읽고 물음에 답하시오.

> 우리는 만날 때에 떠날 것을 염려하는 것과 같이 떠날 때에 다시 만날 것을 믿습니다.
> 아아, 님은 갔지마는 나는 님을 보내지 아니하였습니다.
> 제 곡조를 못 이기는 사랑의 노래는 님의 침묵을 휩싸고 돕니다.
>
> – 한용운, 「님의 침묵」 중에서

01 밑줄 친 부분에 드러난 시의 성격은?

① 수용적 ② 고백적
③ 설의적 ④ 역설적

※ 다음 시를 읽고 물음에 답하시오.

> 까마득한 날에
> 하늘이 처음 열리고
> 어데 닭 우는 소리 들렸으랴
>
> 모든 산맥들이
> 바다를 연모해 휘달릴 때도
> 차마 이곳을 범하던 못하였으리라
>
> 끊임없는 광음(光陰)을
> 부지런한 계절이 피어선 지고
> 큰 강물이 비로소 길을 열었다
>
> – 이육사, 「광야」 중에서

02 밑줄 친 부분에 드러난 시의 성격은?

① 역동적 ② 성찰적
③ 수용적 ④ 애상적

※ **03~06** 다음의 뜻에 맞는 단어를 보기 에서 찾아 쓰시오.

보기

| 엄습 | 암시 | 역량 | 엄수 |

03 명확히 드러내지 않고 넌지시 알림.

(   )

04 규칙이나 약속을 반드시 지킴. (   )

05 부정적인 감정, 생각, 느낌 등이 갑자기 치밀어 오름.

(   )

06 어떤 일을 해낼 수 있는 힘. (   )

※ **07~10** 다음 설명을 읽고 제시된 초성에 맞는 단어를 쓰시오.

07 남의 일이 잘되도록 도와주거나 일자리를 소개해 줌.

ㅇ ㅅ 　　

08 어떤 상태가 시간상으로 무한히 이어짐.

ㅇ ㄱ 　　

09 사실과 다르게 해석하거나 그릇되게 함.

ㅇ ㄱ 　　

10 너그러운 마음으로 남의 말이나 행동을 받아들임.

ㅇ ㄴ 　　

11 학문이나 인격을 갈고닦는 것을 의미하는 사자성어는?

① 전광석화(電光石火) ② 절차탁마(切磋琢磨)
③ 전대미문(前代未聞) ④ 절치부심(切齒腐心)

12 너무나도 화가 나고 분한 마음을 나타내는 사자성어는?

① 전대미문(前代未聞) ② 전도유망(前途有望)
③ 절치부심(切齒腐心) ④ 전화위복(轉禍爲福)

시험 빈출 어휘로 국어 개념 잡기

애수적 슬플 哀 근심 愁

'애수'란 마음속 깊이 스며드는 슬픔이나 시름을 의미한다. 김소월의 「길」은 터전을 상실하고 이곳저곳을 떠돌며 살아야 했던 나그네의 비애와 슬픔이 애수적으로 잘 표현되었다.

예시 김소월, 「길」 중에서

어제도 하로밤
나그네 집에
가마귀 가왁가왁 울며 새웠소.

오늘은
또 몇 십 리
어디로 갈까.

역동적 힘 力 움직일 動

활발하고 힘차게 움직인다는 뜻. 힘찬 움직임이 느껴지는 시어에 의해 표현된다. 이육사의 「광야」에서는 지각 운동으로 대지에서 산맥이 생성되는 과정을 역동적으로 표현하고 있다.

예시 이육사, 「광야」 중에서

모든 산맥들이
바다를 연모해 휘달릴 때도
차마 이곳을 범하던 못하였으리라

역설적 거스릴 逆 말씀 說

겉보기에는 모순되고 논리가 맞지 않지만, 그 속에 중요한 진리나 진심이 담겨 있는 것. 한용운의 「님의 침묵」은 비록 현실에서는 님을 떠나보냈지만 재회를 희망하는 화자의 진심을 역설적으로 표현하고 있다.

예시 한용운, 「님의 침묵」 중에서

님은 갔습니다. 아아, 사랑하는 나의 님은 갔습니다.
 … 중략 …
아아, 님은 갔지마는 나는 님을 보내지 아니하였습니다.

영탄적 읊을 詠 탄식할 歎

감탄사, 감탄 조사, 감탄형 어미 등을 활용하여 기쁨·슬픔·놀라움과 같은 감정을 강조하는 것. 시에서 느낌표, 감탄사, 감탄형 종결 어미 등을 활용하여 드러낸다.

예시 김소월, 「초혼」 중에서

산산이 부서진 이름이여!
허공 중에 헤어진 이름이여!
불러도 주인 없는 이름이여!
부르다가 내가 죽을 이름이여!

교과서 필수 단어로 어휘력 키우기

악착
악착할 齷 악착할 齪

일을 해 나가는 태도가 억세고 끈질김.

예 그는 돈을 모으기 위해 [   ]을 떨며 일했다.

알선
돌 斡 돌 旋

남의 일이 잘 되도록 도와주거나 일자리를 소개해 줌.

예 친구의 [   ]으로 일자리를 구하게 되었다.

암시
어두울 暗 보일 示

명확히 드러내지 않고 넌지시 알림.

예 소설 속 소나기는 주인공의 어두운 미래를 [   ]한다.

억척

어떤 일이든 어려움에도 굴하지 않고 몹시 모질고 끈덕짐.

예 그녀는 시험 기간에는 거의 잠을 안 잘 정도로 [   ]을 떨었다.

엄수
엄할 嚴 지킬 守

규칙이나 약속을 반드시 지킴.

예 아버지는 시간 [   ]의 중요성을 강조하셨다.

엄습
가릴 掩 엄습할 襲

부정적인 감정, 생각, 느낌 등이 갑자기 치밀어 오름.

예 온 세상이 암흑으로 변하자 공포감이 [   ]해 왔다.

역량
힘 力 헤아릴 量

어떤 일을 해낼 수 있는 힘.

예 그는 회사를 책임지기에는 [   ]이 부족하다.

영구
길 永 오랠 久

어떤 상태가 시간상으로 무한히 이어짐.

예 자료를 외장 하드웨어에 저장하면 [   ] 보존이 가능하다.

왜곡
기울 歪 굽을 曲

사실과 다르게 해석하거나 그릇되게 함.

예 침략국에 의해 [   ]된 역사를 바로잡아야 한다.

용납
얼굴 容 들일 納

너그러운 마음으로 남의 말이나 행동을 받아들임.

예 너의 그런 무례한 행동은 도저히 [   ]을 할 수 없다.

사자성어로 어휘력 확장하기

※ 한자를 따라 쓰고 뜻과 음을 쓰세요.

전광석화
電 光 石 火
번개 빛 돌 불

| 電 | 光 | 石 | 火 |
| 번개 전 | 빛 광 | 돌 석 | 불 화 |

번갯불이나 부싯돌 불꽃이 번쩍이는 것처럼 매우 짧은 시간이나 재빠른 동작을 비유하는 말이다.

전대미문
前 代 未 聞
앞 대신할 아닐 들을

| 前 | 代 | 未 | 聞 |

'지난 시대에는 들어 본 적이 없다.'는 뜻으로, 매우 놀랍거나 새로운 일을 이르는 말이다.

전도유망
前 途 有 望
앞 길 있을 바랄

| 前 | 途 | 有 | 望 |

'앞으로 잘 될 희망이 있다.'라는 뜻으로, 장차 발전하고 성공할 가능성과 희망이 있음을 가리킨다.

전화위복
轉 禍 爲 福
구를 재앙 할 복

| 轉 | 禍 | 爲 | 福 |

'화가 바뀌어 오히려 복(福)이 된다.'라는 뜻으로, 좋지 않은 일이 계기가 되어 오히려 좋은 일이 생기는 경우를 일컫는 표현이다.

절차탁마
切 磋 琢 磨
끊을 갈 다듬을 갈

| 切 | 磋 | 琢 | 磨 |

'옥이나 돌 따위를 갈고 닦아서 빛을 낸다.'라는 뜻으로, 학문이나 인격을 갈고 닦음을 의미한다.

절치부심
切 齒 腐 心
끊을 이 썩을 마음

| 切 | 齒 | 腐 | 心 |

'이를 갈고 마음을 썩이다.'라는 뜻으로, 굴욕을 당하거나 억울한 일을 겪은 뒤 복수하거나 재기할 결의를 다지는 것을 가리킨다.

20

실전 문제로 어휘력 완성하기

● **01~02** 다음 시를 읽고 물음에 답하시오.

> 모란이 피기까지는
> 나는 아직 나의 봄을 기둘리고 있을 테요
> 모란이 뚝뚝 떨어져 버린 날
> 나는 비로소 봄을 여읜 설움에 잠길 테요
> 오월 어느 날 그 하루 무덥던 날
> 떨어져 누운 꽃잎마저 시들어 버리고는
> 천지에 모란은 자취도 없어지고
> 뻗쳐 오르던 내 보람 서운케 무너졌느니
> 모란이 지고 말면 그뿐 내 한 해는 다 가고 말아
> 삼백예순 날 하냥 섭섭해 우옵네다
> 모란이 피기까지는
> 나는 아직 기둘리고 있을 테요 찬란한 슬픔의 봄을
>
> — 김영랑, 「모란이 피기까지는」

01 겉보기에는 모순되고 논리가 맞지 않지만, 그 속에 중요한 진리나 진심이 담겨 있는 표현은?

(   ) 표현

02 이 시에서 **01**의 표현이 가장 잘 드러난 구절을 찾아 3어절로 쓰시오.

(   )

● 다음 시를 읽고 물음에 답하시오.

> 나즉하고, 그윽하게 부르는 소리 있어,
> 나아가 보니, 아, 나아가 보니―
> 아렴풋이 나는 지난날의 회상같이
> 떨리는, 뵈지 않는 꽃의 입김만이
> 그의 향기로운 자랑 앞에 자지러지노나!
> 아, 찔림 없이 아픈 나의 가슴!
>
> — 변영로, 「봄비」 중에서

03 이 시에서처럼 감탄사, 감탄 조사, 감탄형 어미 등을 활용하여 기쁨·슬픔·놀라움과 같은 감정을
강조하는 표현을 일컫는 말은?

(   ) 표현

● 04~06 다음 설명에 맞는 글자를 골라 ①한글과 ②한자로 쓰시오.

旋	襲	斡	量	力	掩
돌 선	엄습할 습	돌 알	헤아릴 량	힘 력(역)	가릴 엄

04 남의 일이 잘되도록 도와주거나 일자리를 소개해 줌.　　(①　　　　　　), (②　　　　　　)

05 부정적인 감정, 생각, 느낌 등이 갑자기 치밀어 오름.　　(①　　　　　　), (②　　　　　　)

06 어떤 일을 해낼 수 있는 힘.　　(①　　　　　　), (②　　　　　　)

● 07~09 제시된 초성을 참고하여 다음 예문을 완성하시오.

07 아이들이 학교에서 규칙을 ㅇ ㅅ 하도록 지도해야 한다.　　(　　　　　　)
　　규칙이나 약속을 반드시 지킴.

08 일본의 역사 ㅇ ㄱ 을 바로잡아야 한다.　　(　　　　　　)
　　사실과 다르게 해석하거나 그릇되게 함.

09 마감 시간을 어기는 것은 절대로 ㅇ ㄴ 이 되지 않는다.　　(　　　　　　)
　　너그러운 마음으로 남의 말이나 행동을 받아들임.

● 10~12 보기 를 참고하여 내용에 맞는 사자성어를 완성하시오.

보기

차	절	문	절	마	미
대	탁	심	부	치	전

10 매우 놀랍거나 새로운 일을 이르는 말.　　(　　　　　　)

11 학문이나 인격을 갈고 닦음.　　(　　　　　　)

12 매우 분하여 한을 품음을 이르는 말.　　(　　　　　　)

제1차시 **국어 실력 확인 문제**

※ 다음 시를 읽고 물음에 답하시오.

> 모란이 지고 말면 그뿐 내 한 해는 다 가고 말아
> 삼백예순 날 하냥 섭섭해 우옵네다
> <u>모란이 피기까지는</u>
> <u>나는 아직 기둘리고 있을 테요 찬란한 슬픔의</u>
> <u>봄을</u>
>
> — 김영랑, 「모란이 피기까지는」 중에서

01 이 시의 밑줄 친 곳에 쓰인 수사법은?

① 도치법　　　② 문답법
③ 반어법　　　④ 대구법

※ 다음 시를 읽고 물음에 답하시오.

> 지우고 보고 지우고 보아도
> 새까만 밤이 밀려 나가고 밀려와 부딪히고,
> 물먹은 별이, 반짝, 보석처럼 박힌다.
>
> 밤에 홀로 유리를 닦는 것은
> 외로운 황홀한 심사이어니,
>
> — 정지용, 「유리창 1」 중에서

02 이 시의 밑줄 친 곳에 쓰인 수사법은?

① 설의법　　　② 대구법
③ 반어법　　　④ 역설법

※ **03~06** 다음 설명에 맞는 단어를 보기 에서 찾아 쓰시오.

> **보기**
>
> 음미　　중건　　잠재　　전가

03 사물의 내용이나 속뜻을 깊이 새기고 감상함.
(　　　　　　)

04 겉으로 드러나지 않고 속에 잠겨 있거나 숨어 있음.
(　　　　　　)

05 잘못이나 책임을 다른 사람에게 떠넘김.
(　　　　　　)

06 절이나 왕궁 따위를 보수하거나 고쳐 지음.
(　　　　　　)

※ **07~10** 다음 설명을 읽고 제시된 초성에 맞는 단어를 쓰시오.

07 문화, 풍속, 제도 따위를 이어받아 계승함.

ㅈ ㅅ ☐☐

08 몹시 무섭거나 두려워 몸이 벌벌 떨림.

ㅈ ㅇ ☐☐

09 불순하거나 더러운 것을 깨끗하게 함.

ㅈ ㅎ ☐☐

10 일이나 사건, 사태 따위를 매듭지어 끝냄.

ㅈ ㄱ ☐☐

11 어떤 일의 상황이 갈수록 재미있게 전개된다는 뜻의 사자성어는?

① 조강지처(糟糠之妻)　　② 조삼모사(朝三暮四)
③ 종횡무진(縱橫無盡)　　④ 점입가경(漸入佳境)

12 매우 적은 분량을 비유적으로 표현하는 사자성어는?

① 조족지혈(鳥足之血)　　② 종횡무진(縱橫無盡)
③ 조삼모사(朝三暮四)　　④ 좌불안석(坐不安席)

시험 빈출 어휘로 국어 개념 잡기

도치법 넘어질 倒 둘 置

문장 성분의 정상적인 순서를 바꾸어 내용을 강조하는 표현 방법이다.

예시 김영랑, 「모란이 피기까지는」 중에서

나는 아직 기둘리고 있을 테요 찬란한 슬픔의 봄을

설의법 베풀 設 의심할 疑

의문문 형식이지만 말을 하는 사람이나 듣는 사람이 모두 답을 알고 있다. 누구나 쉽게 알 수 있는 사실을 의문 형식으로 표현하여 말하고자 하는 바를 강조한다.

예시 정지용, 「향수」 중에서

흙에서 자란 내 마음
파아란 하늘빛이 그리워
함부로 쏜 화살을 찾으려
풀섶 이슬에 함추름 휘적시던 곳,
그곳이 차마 꿈엔들 잊힐 리야.

대구법 대할 對 글귀 句

함께 있는 두 어구가 동일한 문장 구조를 이루거나, 동등한 내용이 짝을 이루는 표현법이다.

- 콩 심은 데 콩 나고 팥 심은 데 팥 난다
- 낮말은 새가 듣고 밤말은 쥐가 듣는다
- 귀에 걸면 귀걸이 코에 걸면 코걸이

반어법 돌이킬 反 말씀 語

말하려는 의도와 반대되는 표현을 사용하여 본래의 뜻을 강조하는 표현법이다. 말의 표현에는 문제가 없고 단지 표현이 화자가 처한 상황, 진심 또는 진실과 반대될 때를 말한다.

예시 김소월, 「진달래꽃」 중에서

나 보기가 역겨워
가실 때에는
죽어도 아니 눈물 흘리우리다

역설법 거스릴 逆 말씀 說

겉으로 드러난 표현을 보면 의미가 모순되고 이치에 맞지 않는 것처럼 보이지만 그 속에 어떤 진실이나 진리를 담고 있는 표현법이다. 예시 작품의 '외로운 황홀한 심사'처럼 논리적으로 어긋난 역설적 표현은 독자에게 강한 인상을 줄 수 있다.

예시 정지용, 「유리창 1」 중에서

지우고 보고 지우고 보아도
새까만 밤이 밀려 나가고 밀려와 부딪히고,
물먹은 별이, 반짝, 보석처럼 박힌다.

밤에 홀로 유리를 닦는 것은
외로운 황홀한 심사이어니,

교과서 필수 단어로 어휘력 키우기

음미
읊을 吟 맛 味

사물의 내용이나 속뜻을 깊이 새기고 감상함.

예 커피는 향기와 맛을 [ ][ ] 하며 마셔야 한다.

잠재
잠길 潛 있을 在

겉으로 드러나지 않고 속에 잠겨 있거나 숨어 있음.

예 선수들의 [ ][ ] 능력을 끌어내기 위한 훈련이다.

장악
손바닥 掌 쥘 握

무엇을 마음대로 할 수 있게 됨.

예 그는 쿠데타로 권력을 [ ][ ] 한 뒤 독재 정부를 세웠다.

전가
구를 轉 시집갈 嫁

잘못이나 책임을 다른 사람에게 떠넘김.

예 문제가 생기면 서로 책임을 [ ][ ] 하는 데에 급급했다.

전승
전할 傳 이을 承

문화, 풍속, 제도 따위를 이어받아 계승함.

예 훌륭한 문화는 계속해서 [ ][ ] 시켜야 한다.

전율
싸움 戰 떨릴 慄

몹시 무섭거나 두려워 몸이 벌벌 떨림.

예 사고 당시 내 몸에는 싸늘한 [ ][ ] 이 감돌았다.

정화
깨끗할 淨 될 化

불순하거나 더러운 것을 깨끗하게 함.

예 훌륭한 예술은 우리의 내면을 [ ][ ] 해 준다.

종결
마칠 終 맺을 結

일이나 사건, 사태 따위를 매듭지어 끝냄.

예 범인이 검거됨에 따라 그 사건은 [ ][ ] 되었다.

중건
무거울 重 세울 建

절이나 왕궁 따위를 보수하거나 고쳐 지음.

예 화재로 소실된 왕궁의 [ ][ ] 이 이루어졌다.

지천
이를 至 천할 賤

매우 흔함.

예 들판에는 메밀꽃이 [ ][ ] 으로 피어 있었다.

사자성어로 어휘력 확장하기

※ 한자를 따라 쓰고 뜻과 음을 쓰세요.

점입가경

漸	入	佳	境
점점	들	아름다울	지경

漸	入	佳	境
점점 점	들 입	아름다울 가	지경 경

'점점 아름다운 상황으로 들어간다.'라는 뜻으로, 경치나 문장이 점점 멋있어지거나, 일의 상황이 점점 갈수록 재미있게 전개되는 경우에 쓰는 표현이다.

조강지처

糟	糠	之	妻
지게미	겨	갈	아내

糟	糠	之	妻

'지게미와 쌀겨로 끼니를 이어가며 고생을 같이 해온 아내'라는 뜻으로, 오랜 세월 동안 힘들어도 곁을 지켜 준 아내를 일컫는다.

조족지혈

鳥	足	之	血
새	발	갈	피

鳥	足	之	血

'새 발의 피'라는 뜻으로, 매우 적은 분량을 비유할 때 쓰인다.

조삼모사

朝	三	暮	四
아침	석	저물	넉

朝	三	暮	四

'아침에 세 개, 저녁에 네 개'라는 뜻으로, 간사한 꾀로 남을 속여 희롱함을 일컫는다. 중국 송나라 때, 원숭이들이 '먹이를 아침에 세 개, 저녁에 네 개씩 주겠다'는 말에 적다고 화를 내다가, '아침에 네 개, 저녁에 세 개씩 주겠다'고 하자 좋아하였다는 고사에서 유래했다.

종횡무진

縱	橫	無	盡
세로	가로	없을	다할

縱	橫	無	盡

'이리저리 누비거나 거침이 없다.'라는 뜻으로, 사방으로 거칠 것 없이 나아가는 자유로운 모습을 가리키는 표현이다.

좌불안석

坐	不	安	席
앉을	아닐	편안할	자리

坐	不	安	席

'앉아도 자리가 편안하지 않다.'라는 뜻으로, 마음이 불안하거나 걱정스러워서 한 군데에 가만히 앉아 있지 못하고 안절부절못하는 모습을 일컫는다.

실전 문제로 어휘력 완성하기

● 다음 시를 읽고 물음에 답하시오.

> 말도 없는 밤의 설움   꽃은 떨어진다.
> 소리 없는 봄의 가슴   님은 탄식한다.
>
> — 김억, 「봄은 간다」 중에서

01 이 시에서처럼 두 어구가 동등한 내용이 짝을 이루어 표현되는 수사법은?

(   )

● 다음 시를 읽고 물음에 답하시오.

> 나는 꿈꾸었노라, 동무들과 내가 가지런히
> 벌 가의 하루 일을 다 마치고
> 석양에 마을로 돌아오는 꿈을,
> 즐거이, 꿈 가운데.
>
> — 김소월, 「바라건대는 우리에게 우리의 보습 대일 땅이 있었더라면」 중에서

02 이 시에서처럼 정상적인 언어 배열 순서를 바꾸어 강한 인상을 주려는 표현법은?

(   )

● 다음 시를 읽고 물음에 답하시오.

> 바람이 부는데
> 내 괴로움에는 이유가 없다.
>
> 내 괴로움에는 이유가 없을까,
>
> 단 한 여자를 사랑한 일도 없다.
> <u>시대를 슬퍼한 일도 없다.</u>
>
> — 윤동주, 「바람이 불어」 중에서

03 이 시에서 '시대를 슬퍼한 일도 없다'고 한 것은 식민지 현실에 무기력한 자신을 반성한 것이다. 이처럼 속마음과 달리 반대로 표현하는 기법은?   (   )

● 04~06 다음 설명에 맞는 글자를 골라 ①한글과 ②한자로 쓰시오.

建	味	重	吟	承	傳
세울 건	맛 미	무거울 중	읊을 음	이을 승	전할 전

04 사물의 내용이나 속뜻을 깊이 새기고 감상함.　　　(①　　　　　　), (②　　　　　　)

05 문화, 풍속, 제도 따위를 이어받아 계승함.　　　(①　　　　　　), (②　　　　　　)

06 절이나 왕궁 따위를 보수하거나 고쳐 지음.　　　(①　　　　　　), (②　　　　　　)

● 07~09 제시된 초성을 참고하여 다음 예문을 완성하시오.

07 마케팅 전략은　ㅈ ㅈ　고객을 확보하는 데 주력해야 한다.　　　(　　　　　　)
　　　　　　겉으로 드러나지 않고 속에 잠겨 있거나 숨어 있음.

08 그는 남에게 책임　ㅈ ㄱ　를 일삼는 사람이었다.　　　(　　　　　　)
　　　　　　잘못이나 책임을 다른 사람에게 떠넘김.

09 냉전 시대의　ㅈ ㄱ　로 세계에는 평화의 바람이 불었다.　　　(　　　　　　)
　　　　　　일이나 사건, 사태 따위를 매듭지어 끝냄.

● 10~12 보기 를 참고하여 내용에 맞는 사자성어를 완성하시오.

보기

족	입	횡	조	진	경
가	혈	무	점	종	지

10 경치나 문장, 또는 어떤 일의 상황이 갈수록 재미있게 전개된다는 뜻.　　　(　　　　　　)

11 '새 발의 피'라는 뜻으로, 매우 적은 분량을 비유적으로 이르는 말.　　　(　　　　　　)

12 걸리거나 막히는 것이 없이 마음대로 행동하는 상태.　　　(　　　　　　)

기본 실력 점검하기

제1차시

국어 실력 확인 문제

※ 다음 시를 읽고 물음에 답하시오.

> 모란이 피기까지는
> 나는 아직 나의 봄을 기둘리고 있을 테요
> 모란이 뚝뚝 떨어져 버린 날
> 나는 비로소 봄을 여읜 설움에 잠길 테요
>
> – 김영랑, 「모란이 피기까지는」 중에서

01 이 시에서 두드러지게 나타나는 성격은?

① 의지적 ② 예찬적
③ 일상적 ④ 유미적

※ 다음 시를 읽고 물음에 답하시오.

> 구름 빛이 좋다 하나 검기를 자주 한다.
> 바람 소리 맑다 하나 그칠 때가 많도다.
> 깨끗하고도 그치지 않는 것은 물뿐인가 하노라.
>
> – 윤선도, 「오우가」 중에서

02 이 시에서 두드러지게 나타나는 성격은?

① 역동적 ② 성찰적
③ 예찬적 ④ 유미적

※ **03~06** 다음 설명에 맞는 단어를 보기 에서 찾아 쓰시오.

보기

질책   촉발   지체   촉박

03 일의 진행이나 시간 따위를 질질 끌거나 늦춤.

( )

04 꾸짖어 나무람. ( )

05 기한이 아주 가까이 닥쳐와서 급함.

( )

06 어떤 일이 다른 어떤 일로부터 영향을 받거나 자극되어 일어남. ( )

※ **07~10** 다음 설명을 읽고 제시된 초성에 맞는 단어를 쓰시오.

07 잘못을 꾸짖거나 나무라며 못마땅하게 여김.

ㅊ ㅁ ☐☐

08 업신여기어 천하게 대우하거나 푸대접함.

ㅊ ㄷ ☐☐

09 지식, 경험, 자금 따위를 모아서 쌓음. 또는 모아서 쌓은 것.

ㅊ ㅈ ☐☐

10 치료하여 병을 낫게 함.

ㅊ ㅇ ☐☐

11 서로의 입장이 뒤바뀌었을 때 사용하는 사자성어는?

① 좌충우돌(左衝右突) ② 죽마고우(竹馬故友)
③ 주객전도(主客顚倒) ④ 주경야독(晝耕夜讀)

12 말을 막기 어려울 정도로 여러 사람이 시끄럽게 마구 떠드는 상황에 맞는 사자성어는?

① 좌지우지(左之右之) ② 주경야독(晝耕夜讀)
③ 좌충우돌(左衝右突) ④ 중구난방(衆口難防)

시험 빈출 어휘로 국어 개념 잡기

예찬적 예도 禮 찬양할 讚

긍정적인 속성을 지닌 대상을 칭찬하고 찬양한다는 뜻. 윤선도의 「오우가」는 물, 바위, 소나무, 대나무, 달을 다섯 벗으로 의인화하고 부단, 불변, 불굴, 불욕, 불언의 덕성을 예찬한다.

예시 윤선도, 「오우가」 중에서

구름 빛이 좋다 하나 검기를 자주 한다.
바람 소리 맑다 하나 그칠 때가 많도다.
깨끗하고도 그치지 않는 것은 물뿐인가 하노라.

유미적 오직 唯 아름다울 美

아름다움을 추구하여 거기에 빠지거나 깊이 즐긴다는 뜻으로, '탐미적'이라고도 한다. 김영랑의 「모란이 피기까지는」에서는 모란으로 상징되는 아름다움을 위해 자신의 전 생애를 바치겠다는 점에서 유미주의적 태도가 드러난다.

예시 김영랑, 「모란이 피기까지는」 중에서

모란이 피기까지는
나는 아직 나의 봄을 기둘리고 있을 테요
모란이 뚝뚝 떨어져 버린 날
나는 비로소 봄을 여읜 설움에 잠길 테요

의지적 뜻 意 뜻 志

어떤 일을 이루고자 하는 마음이 적극적이고 강하다는 뜻. 이육사의 「광야」에서는 암울한 현실을 극복하고 조국 광복을 이루어 새로운 역사를 실현하고 말겠다는 의지가 드러난다.

예시 이육사, 「광야」 중에서

다시 천고(千古)의 뒤에
백마 타고 오는 초인(超人)이 있어
이 광야에서 목놓아 부르게 하리라

일상적 날 日 떳떳할 常

특별하지 않고 날마다 접할 수 있다는 뜻. 흔하게 볼 수 있는 소재나 평범한 상황을 표현한 시에서 느낄 수 있다.

예시 김영랑, 「빠른 철로에 조는 손님」

빠른 철로에 조는 손님아
시골의 이 정거장 행여 잊을라
한가하고 그립고 쓸쓸한 시골 사람의
드나드는 이 정거장 행여 잊을라

교과서 필수 단어로 어휘력 키우기

지체 더딜 遲 막힐 滯	일의 진행이나 시간 따위를 질질 끌거나 늦춤. 예 사고로 일정이 ☐☐ 되어 마감 시간을 넘기게 되었다.
진노 부릅뜰 瞋 성낼 怒	성을 내며 노여워함. 또는 그런 감정. 예 형제의 계속된 다툼은 아버지의 ☐☐ 를 샀다.
질책 꾸짖을 叱 꾸짖을 責	꾸짖어 나무람. 예 그는 불성실한 태도 때문에 상사로부터 호된 ☐☐ 을 받았다.
착수 붙을 着 손 手	어떤 일에 손을 대어 시작함. 예 건물의 증축 허가를 받으면 공사에 ☐☐ 한다.
책망 꾸짖을 責 바랄 望	잘못을 꾸짖거나 나무라며 못마땅하게 여김. 예 게임기를 망가뜨려서 동생에게 한참 동안 ☐☐ 을 들었다.
천대 천할 賤 기다릴 待	업신여기어 천하게 대우하거나 푸대접함. 예 백정이라는 이유로 온갖 ☐☐ 와 멸시 속에서 살았다.
촉박 재촉할 促 핍박할 迫	기한이 아주 가까이 닥쳐와서 급함. 예 이 일을 오늘 안에 끝내기에는 시간이 너무 ☐☐ 하다.
촉발 닿을 觸 필 發	어떤 일이 다른 어떤 일로부터 영향을 받거나 자극되어 일어남. 예 이 정책은 노사 간의 갈등을 ☐☐ 하게 할 것이다.
축적 모을 蓄 쌓을 積	지식, 경험, 자금 따위를 모아서 쌓음. 또는 모아서 쌓은 것. 예 A 회사는 다년간 ☐☐ 된 기술을 바탕으로 빠르게 성장해 갔다.
치유 다스릴 治 병 나을 癒	치료하여 병을 낫게 함. 예 자연은 힘든 우리의 영혼을 ☐☐ 하는 힘을 가졌다.

사자성어로 어휘력 확장하기

※ 한자를 따라 쓰고 뜻과 음을 쓰세요.

좌지우지

左	之	右	之
왼	갈	오른쪽	갈

左	之	右	之
왼좌	갈 지	오른쪽 우	갈 지

'왼쪽으로 돌렸다 오른쪽으로 돌렸다 한다.'라는 뜻으로, 사람이 어떤 일이나 대상을 자신의 마음대로 처리하는 것을 일컫는다.

좌충우돌

左	衝	右	突
왼	찌를	오른쪽	갑자기

左	衝	右	突

'이리저리 마구 찌르고 부딪친다.'라는 뜻으로, 이리저리 가리지 않고 정신없이 돌아다니는 모습을 비유한 표현이다.

주객전도

主	客	顚	倒
주인	손님	엎드러질	넘어질

主	客	顚	倒

'주인은 손님처럼 손님은 주인처럼 행동을 바꾸어 한다.'라는 뜻으로, 서로 입장이 뒤바뀐 것을 의미한다.

주경야독

晝	耕	夜	讀
낮	밭갈	밤	읽을

晝	耕	夜	讀

'낮에는 농사짓고 밤에는 공부한다.'라는 뜻으로, 어려운 여건 속에서도 꿋꿋이 공부하는 것을 일컫는다.

죽마고우

竹	馬	故	友
대	말	연고	벗

竹	馬	故	友

'대나무 말을 타고 놀던 옛 친구'라는 뜻으로, 어릴 때부터 가까이 지내며 자란 친구를 가리킨다.

중구난방

衆	口	難	防
무리	입	어려울	막을

衆	口	難	防

'여러 사람의 입은 막기 어렵다.'라는 뜻으로, 말을 막기 어려울 정도로 여러 사람이 시끄럽게 마구 떠드는 경우에 쓰인다.

실전 문제로 어휘력 완성하기

● 다음 시를 읽고 물음에 답하시오.

> 돌담에 속삭이는 햇발같이
> 풀 아래 웃음 짓는 샘물같이
> 내 마음 고요히 고운 봄 길 위에
> 오늘 하루 하늘을 우러르고 싶다.
>
> — 김영랑, 「돌담에 속삭이는 햇발」 중에서

01 이 시의 성격으로 가장 적절한 것은?
  ① 애상적   ② 예찬적   ③ 유미적   ④ 의지적   ⑤ 일상적

● 다음 시를 읽고 물음에 답하시오.

> 햇발이 처음 쏟아오아
> 청명은 갑자기 으리으리한 관을 쓴다.
> 그때에 토록 하고 동백 한 알은 빠지나니
> 오! 그 빛남 그 고요함
> 간밤에 하늘을 쫓긴 별살*의 흐름이 저러했다.
>
> — 김영랑, 「청명」 중에서
>
> *별살: 혜성의 빛살.

02 이 시의 성격으로 가장 적절한 것은?
  ① 애상적   ② 예찬적   ③ 관조적   ④ 의지적   ⑤ 일상적

● 다음 시를 읽고 물음에 답하시오.

> 나 두 야 간다.
> 나의 이 젊은 나이를
> 눈물로야 보낼 거냐.
> 나 두 야 가련다.
>
> — 박용철, 「떠나가는 배」 중에서

03 이 시의 성격으로 가장 적절한 것은?
  ① 애상적   ② 예찬적   ③ 유미적   ④ 의지적   ⑤ 일상적

● 04~06 다음 설명에 맞는 글자를 골라 ①한글과 ②한자로 쓰시오.

滯	着	手	責	遲	叱
막힐 체	붙을 착	손 수	꾸짖을 책	더딜 지	꾸짖을 질

04 어떤 일에 손을 대어 시작함.   (①   ), (②   )

05 꾸짖어 나무람.   (①   ), (②   )

06 일의 진행이나 시간 따위를 질질 끌거나 늦춤.   (①   ), (②   )

● 07~09 제시된 초성을 참고하여 다음 예문을 완성하시오.

07 홍길동은 서자 출신으로 집안에서 ㅊ ㄷ 를 받았다.   (   )
　　　　　　　　　　　　　　업신여기어 천하게 대우하거나 푸대접함.

08 당시 그 사건은 인종 간의 갈등을 ㅊ ㅂ 하는 계기가 되었다.   (   )
　　　　　　　　　　　어떤 일이 다른 어떤 일로부터 영향을 받거나 자극되어 일어남.

09 그 회사는 오랜 연구와 투자로 기술 ㅊ ㅈ 을 이루어 냈다.   (   )
　　　　　　　　　　　지식, 경험, 자금 따위를 모아서 쌓음. 또는 모아서 쌓은 것.

● 10~12 보기 를 참고하여 내용에 맞는 사자성어를 완성하시오.

보기

객	마	구	방	주	고
도	난	우	전	중	죽

10 서로의 입장이 뒤바뀐 것을 의미함.   (   )

11 어릴 때부터 가까이 지내며 자란 친구를 이르는 말.   (   )

12 말을 막기 어려울 정도로 여러 사람이 시끄럽게 마구 떠듦.   (   )

제1차시　　국어 실력 확인 문제

※ **01~02** 다음 시에 쓰인 상징을 보기 에서 골라 물음에 답하시오.

> **보기**
>
> 개인적　　원형적　　관습적

01 이 시의 '하늘'에 쓰인 상징의 종류는?

> 죽는 날까지 하늘을 우러러
> 한 점 부끄럼이 없기를,
> 잎새에 이는 바람에도
> 나는 괴로워했다.
>
> – 윤동주, 「서시」 중에서

　　　　　　　（　　　　　　　） 상징

02 이 시의 '간'에 쓰인 상징의 종류는?

> 바닷가 햇빛 바른 바위 위에
> 습한 간(肝)을 펴서 말리우자.
>
> 코카서스 산중에서 도망해 온 토끼처럼
> 둘러리를 빙빙 돌며 간을 지키자.
>
> 내가 오래 기르는 여윈 독수리야!
> 와서 뜯어 먹어라, 시름없이
>
> – 윤동주, 「간」 중에서

　　　　　　　（　　　　　　　） 상징

※ **03~06** 다음의 뜻에 맞는 단어를 보기 에서 찾아 쓰시오.

> **보기**
>
> 향유　　토로　　필적　　타개

03 마음에 있는 것을 죄다 드러내어서 말함.

　　　　　　　（　　　　　　　）

04 힘이나 능력이 비슷하여 서로 견줄 만함.

　　　　　　　（　　　　　　　）

05 좋은 것을 자기의 것으로 소유하여 누림.

　　　　　　　（　　　　　　　）

06 매우 어렵거나 막힌 일을 잘 처리하여 해결의 길을 엶.

　　　　　　　（　　　　　　　）

※ **07~10** 다음 설명을 읽고 제시된 초성에 맞는 단어를 쓰시오.

07 일정한 상태나 처지에서 완전히 벗어남.

　　　　　　　ㅌ ㅍ ☐☐

08 재물, 시간, 힘, 정열 따위를 헛되이 다 써 버림.

　　　　　　　ㅌ ㅈ ☐☐

09 마음속에 품은 불평을 늘어놓음.

　　　　　　　ㅍ ㄴ ☐☐

10 목적지까지 보호하여 운반함.

　　　　　　　ㅎ ㅅ ☐☐

11 이러지도 못하고 저러지도 못하는 매우 곤란한 상황에서 사용하는 사자성어는?

① 진퇴양난(進退兩難)　　② 천생연분(天生緣分)
③ 차일피일(此日彼日)　　④ 천방지축(天方地軸)

12 약속한 시간이나 기한을 이날 저 날 하며 자꾸 미루는 상황에서 사용하는 사자성어는?

① 천생연분(天生緣分)　　② 차일피일(此日彼日)
③ 천방지축(天方地軸)　　④ 지지부진(遲遲不進)

시험 빈출 어휘로 국어 개념 잡기

상징
코끼리 象 부를 徵

표현하고자 하는 대상을 숨기고 구체적인 다른 사물로 대신하는 표현법. 주로 인간의 감정, 사상, 내적 경험 등의 추상적인 내용을 구체적인 대상으로 표현한다. 상징은 표현하고자 하는 대상(원관념)은 숨기고 보조 관념만으로 표현하며, 대체로 두 대상 간의 유사성이 없으므로 원관념을 파악하기 어렵다.

예 • 네 잎 클로버 → '행운'을 상징함.　　　　• 하트 → '사랑'을 상징함.

원형적 상징
근원 原 모형 型

시대와 국가를 초월해 모든 인류의 보편적인 체험이 축적되어 누구나 의미를 떠올릴 수 있는 보편적인 상징이다.

물	생명, 죽음, 정화	어둠	절망
불	정열, 파괴, 분노	비	슬픔, 눈물
태양	광명, 희망, 창조	하늘	신, 절대자, 구원

예시 윤동주, 「서시」 중에서

죽는 날까지 하늘을 우러러
한 점 부끄럼이 없기를,

> 이 시에서 '하늘'은 보편적인 의미인 '절대자'를 상징하므로 '원형적 상징'이다.

관습적 상징
익숙할 慣 익힐 習

특정 집단이나 문화권 내에서 오랜 세월 동안 되풀이하여 사용됨으로써 그 의미가 관습적으로 굳어진 상징으로, '제도적 상징'이라고도 한다. 예를 들어 서양에서는 까마귀가 '길조'의 상징이지만, 한국에서는 '흉조'를 상징한다.

까치	좋은 소식	십자가	희생, 구원, 속죄
비둘기	평화	반지	사랑, 약속
대나무	지조, 절개	백합	순결

예시 윤선도, 「오우가」 중에서

더우면 꽃 피고 추우면 잎 지거늘
솔아 너는 어찌 눈서리를 모르느냐.

> 이 시조의 제재인 '솔(소나무)'은 동양 문화권에서는 지조와 절개를 상징한다.

개인적 상징
낱 個 사람 人

시인이 작품 속에서만 특수한 의미로 사용하는 창조적 상징을 '개인적 상징'이라고 한다. 시어에 숨겨진 의도와 참뜻을 이해하고 상징적인 의미를 이해하려는 노력이 필요하다.

예 • 서정주, 「국화 옆에서」의 '국화'는 누이를 상징함.
　　• 김현승, 「가을의 기도」의 '까마귀'는 절대고독의 경지를 상징함.
　　• 김종길, 「성탄제」의 '산수유 열매'는 아버지의 사랑을 상징함.
　　• 윤동주, 「간」의 '간'은 인간의 양심과 존엄성을 상징함.

교과서 필수 단어로 어휘력 키우기

탈피 벗을 脫 가죽 皮	일정한 상태나 처지에서 완전히 벗어남. 예 무계획적인 운영 방식을 [ ][ ] 해야 한다.
탕진 방탕할 蕩 다할 盡	재물, 시간, 힘, 정열 따위를 헛되이 다 써 버림. 예 그는 주식투자로 전 재산을 [ ][ ] 하였다.
토로 토할 吐 이슬 露	마음에 있는 것을 죄다 드러내어서 말함. 예 그녀는 친구에게 학교생활의 불만을 [ ][ ] 하였다.
푸념	마음속에 품은 불평을 늘어놓음. 예 자신의 불우한 처지에 대해 [ ][ ] 을 늘어놓았다.
필적 짝 匹 대적할 敵	힘이나 능력이 비슷하여 서로 견줄 만함. 예 이 분야에서 그를 [ ][ ] 할 만한 사람은 없다.
할당 벨 割 마땅 當	일정한 양이나 수에서 각각의 몫을 나누어줌. 예 우리 부서에 [ ][ ] 된 작업량이 너무 많다.
함유 머금을 含 있을 有	물질이 어떤 성분을 포함하고 있음. 예 무기질이 [ ][ ] 된 식품은 뼈 성장에 도움이 된다.
향유 누릴 享 있을 有	좋은 것을 자기의 것으로 소유하여 누림. 예 모든 사람에게 예술을 [ ][ ] 할 수 있는 기회를 주어야 한다.
타개 칠 打 열 開	매우 어렵거나 막힌 일을 잘 처리하여 해결함. 예 경제 불황을 [ ][ ] 할 방법을 생각해 내야 한다.
호송 도울 護 보낼 送	목적지까지 보호하여 운반함. 예 부상자들을 [ ][ ] 하기 위해 구급차들이 몰려들었다.

사자성어로 어휘력 확장하기

※ 한자를 따라 쓰고 뜻과 음을 쓰세요.

지지부진

遲	遲	不	進
더딜	더딜	아닐	나아갈

遲	遲	不	進
더딜 지	더딜 지	아닐 부	나아갈 진

매우 더디어서 일 따위가 목적한 방향대로 잘 진행되지 않는 경우에 쓰는 말이다.

진수성찬

珍	羞	盛	饌
보배	부끄러울	성할	반찬

珍	羞	盛	饌

보기 드물게 맛이 좋은 음식을 뜻하는 '진수(珍羞)'와 풍성하게 차려진 반찬을 뜻하는 '성찬(盛饌)'이 합쳐져, 맛이 좋은 음식으로 푸짐하게 잘 차린 한 상을 의미한다.

진퇴양난

進	退	兩	難
나아갈	물러날	두	어려울

進	退	兩	難

'나아갈 수도 물러설 수도 없는 어려움에 처해 있다.'라는 뜻으로, 이러지도 못하고 저러지도 못하는 매우 곤란한 상태를 일컫는다.

차일피일

此	日	彼	日
이	날	저	날

此	日	彼	日

약속한 시간이나 기한을 '이날 저 날' 하면서 자꾸 미루는 경우를 가리킨다.

천방지축

天	方	地	軸
하늘	모	땅	굴대

天	方	地	軸

'하늘의 방향과 땅의 축을 모른다.'라는 뜻으로, 너무 급하여 허둥지둥 함부로 날뛰는 상태나 못난 사람이 종작없이 덤벙이는 것을 일컫는다.

천생연분

天	生	緣	分
하늘	날	인연	나눌

天	生	緣	分

하늘에서 미리 정해 준 것처럼 꼭 맞는 부부의 인연을 가리킨다.

실전 문제로 어휘력 완성하기

● 다음 시를 읽고 물음에 답하시오.

> 계절이 지나가는 하늘에는 / 가을로 가득 차 있습니다.
>
> 나는 아무 걱정도 없이
> 가을 속의 별들을 다 헤일 듯합니다.
>
> 가슴 속에 하나둘 새겨지는 별을
> 이제 다 못 헤는 것은 / 쉬이 아침이 오는 까닭이요,
> 내일 밤이 남은 까닭이요, 아직 나의 청춘이 다하지 않은 까닭입니다.
>
> — 윤동주, 「별 헤는 밤」 중에서

01 이 시에서 별은 '동경', '추억', '사랑'을 상징한다. 여기에 쓰인 상징의 종류는?

(   ) 상징

● **02~03** 다음 시조를 읽고 물음에 답하시오.

> 백설*이 잦아진 골에 구름이 머흐레라.
> 반가운 매화는 어느 곳에 피었는고.
> 석양에 홀로 서 있어 갈 곳 몰라 하노라.
>
> — 이색, 「백설이 잦아진 골에」
>
> *백설: 고려 유신을 가리킴.

02 이 시조에 사용된 상징은 어떤 종류의 상징인지 쓰시오.

(   ) 상징

03 다음 설명에 해당하는 시어를 각각 찾아 쓰시오.

(1) 간신을 상징하는 2음절의 시어는? (   )

(2) 절개를 상징하는 2음절의 시어는? (   )

(3) 몰락하는 왕조를 상징하는 2음절의 시어는?

(   )

● 04~06 다음 설명에 맞는 글자를 골라 ①한글과 ②한자로 쓰시오.

開	有	露	吐	打	享
열 개	있을 유	이슬 로	토할 토	칠 타	누릴 향

04 마음에 있는 것을 죄다 드러내어서 말함.　　　　　　　(①　　　　　　　　　), (②　　　　　　　　)

05 좋은 것을 자기의 것으로 소유하여 누림.　　　　　　　(①　　　　　　　　　), (②　　　　　　　　)

06 매우 어렵거나 막힌 일을 잘 처리하여 해결의 길을 엶.　(①　　　　　　　　　), (②　　　　　　　　)

● 07~09 제시된 초성을 참고하여 다음 예문을 완성하시오.

07 권위주의에서의 ㅌㅍ 는 대중문화의 부흥을 가져왔다.　　　　　　　(　　　　　　　　)
　　　　　　일정한 상태나 처지에서 완전히 벗어남.

08 그는 애써 모은 재산을 주식으로 모두 ㅌㅈ 했다.　　　　　　　(　　　　　　　　)
　　　　　　재물, 시간, 힘, 정열 따위를 헛되이 다 써 버림.

09 청소년에게 카페인이 많이 ㅎㅇ 된 음료는 좋지 않다.　　　　　　　(　　　　　　　　)
　　　　　　물질이 어떤 성분을 포함하고 있음.

● 10~12 보기 를 참고하여 내용에 맞는 사자성어를 완성하시오.

보기

일	진	방	난	천	퇴
양	축	ㅍ	지	차	일

10 이러지도 못하고 저러지도 못하는 매우 곤란한 상태.　　　　　　　(　　　　　　　　)

11 약속한 시간이나 기한을 이날 저 날로 자꾸 미루는 모양을 나타내는 말.　　(　　　　　　　　)

12 종잡을 수 없게 덤벙이며 어리석게 구는 일.　　　　　　　(　　　　　　　　)

국어 실력 확인 문제

제1차시

※ 다음 시를 읽고 물음에 답하시오.

> 강가에 나온 아이와 같이
> 짬도 모르고 끝도 없이 닫는 내 혼아
> 무엇을 찾느냐 어디로 가느냐 우스웁다 답을
> 하려무나.
>
> — 이상화, 「빼앗긴 들에도 봄은 오는가」 중에서

01 이 시에서 두드러지게 나타나는 성격은?

① 수용적　　　② 역설적
③ 저항적　　　④ 자조적

※ 다음 시를 읽고 물음에 답하시오.

> 푸른 하늘에 닿을 듯이
> 세월에 불타고 우뚝 남아 서서
> 차라리 봄도 꽃 피진 말아라.
>
> … 중략 …
>
> 검은 그림자 쓸쓸하면
> 마침내 호수 속 깊이 거꾸러져
> 차마 바람도 흔들진 못해라.
>
> — 이육사, 「교목」 중에서

02 이 시에서 두드러지게 나타나는 성격은?

① 수용적　　　② 역설적
③ 저항적　　　④ 자조적

※ **03~06** 다음의 뜻에 맞는 단어를 보기 에서 찾아 쓰시오.

보기

실재　　부류　　판별　　실체

03 옳고 그름이나 좋고 나쁨을 판단하여 구별함.

(　　　　　)

04 어떤 대상을 공통적인 성격에 따라 나눈 갈래.

(　　　　　)

05 어떤 사물이나 일의 실제 모습이나 상태.

(　　　　　)

06 실제로 존재함.

(　　　　　)

※ **07~10** 다음 설명을 읽고 제시된 초성에 맞는 단어를 쓰시오.

07 드물어서 특이하거나 매우 귀함.

ㅎ ㄱ ☐☐

08 의식, 감정, 분위기 따위를 한껏 북돋워서 높임.

ㄱ ㅇ ☐☐

09 생각이나 마음, 의욕 등이 강해지도록 함.

ㄱ ㅊ ☐☐

10 사실들이 서로 어긋나 생겨난 차이.

ㄱ ㄹ ☐☐

11 온갖 어려운 고비를 다 겪으며 심하게 고생함을 뜻하는 사자성어는?

① 철두철미(徹頭徹尾)　　② 천재지변(天災地變)
③ 천차만별(千差萬別)　　④ 천신만고(千辛萬苦)

12 누구나 분노할 만큼 증오스럽거나 도저히 용납할 수 없는 상황에 사용하는 사자성어는?

① 천인공노(天人共怒)　　② 천차만별(千差萬別)
③ 천편일률(千篇一律)　　④ 철두철미(徹頭徹尾)

시험 빈출 어휘로 국어 개념 잡기

자연 친화적 스스로 自 그럴 然 친할 親 화할 和

자연과 더불어 사는 삶을 지향하고 그러한 삶에 만족감을 드러낸다는 뜻. 정지용의 「향수」는 아름다운 자연에 둘러싸인 고향의 모습을 감각적으로 표현하고 있다.

예시 정지용, 「향수」 중에서

흙에서 자란 내 마음
파아란 하늘빛이 그리워
함부로 쏜 화살을 찾으려
풀섶 이슬에 함추름 휘적시던 곳,

자조적 스스로 自 비웃을 嘲

'자조'는 '자신을 비웃는다'는 뜻이다. 자기 자신을 비판하거나 조롱하는 내용이 담긴 시에서 느낄 수 있다.

예시 이상화, 「빼앗긴 들에도 봄은 오는가」 중에서

강가에 나온 아이와 같이
짬도 모르고 끝도 없이 닫는 내 혼아
무엇을 찾느냐 어디로 가느냐 우스웁다 답을 하려무나.

저항적 막을 抵 겨룰 抗

어떤 힘이나 조건에 굽히지 아니하고 거역하거나 버티는 것. 이육사의 「광야」에서는 암담한 현실에 저항하고 이를 극복하려는 의지가 드러난다.

예시 이육사, 「광야」 중에서

지금 눈 내리고
매화 향기 홀로 아득하니
내 여기 가난한 노래의 씨를 뿌려라

다시 천고(千古)의 뒤에
백마 타고 오는 초인(超人)이 있어
이 광야에서 목놓아 부르게 하리라.

전원적 밭 田 동산 園

'전'은 밭을 뜻하고, '원'은 정원을 뜻한다. 소박하고 평화롭게 사는 전원생활의 모습을 주제로 한 시에서 이러한 분위기를 느낄 수 있다.

예시 김상용, 「남으로 창을 내겠소」 중에서

남(南)으로 창(窓)을 내겠소.
밭이 한참갈이
괭이로 파고
호미론 김을 매지요.

교과서 필수 단어로 어휘력 키우기

회피
돌아올 回 피할 避

어떤 일이나 상황에 대하여 직접 하거나 부딪치기를 꺼려하고 피함.

예 그는 책임을 [　][　] 하려고 변명만 늘어놓았다.

희귀
드물 稀 귀할 貴

드물어서 특이하거나 매우 귀함.

예 멸종 위기에 처한 [　][　] 동물을 볼 수 있었다.

힐난
물을 詰 어려울 難

트집을 잡아 지나치게 많이 따지고 듦.

예 사장은 실수한 직원에게 노골적인 면박과 [　][　]을 퍼부었다.

판별
판단할 判 나눌 別

옳고 그름이나 좋고 나쁨을 판단하여 구별함.

예 정확한 [　][　] 기준이 없어 상품의 등급을 매기기 어렵다.

고양
높을 高 날릴 揚

의식, 감정, 분위기 따위를 한껏 북돋워서 높임.

예 우리 팀이 승리하자 관중들의 감정이 [　][　]되었다.

고취
북 鼓 불 吹

생각이나 마음, 의욕 등이 강해지도록 함.

예 선수들의 사기 [　][　]를 위해 관중은 더 열심히 응원했다.

괴리
어그러질 乖 떠날 離

사실들이 서로 어긋나 생겨난 차이.

예 이상과 현실 사이에는 언제나 [　][　]가 있기 마련이다.

부류
떼 部 무리 類

어떤 대상을 공통적인 성격에 따라 나눈 갈래.

예 그런 점에서는 너와 그는 같은 [　][　]라고 할 수 있다.

실체
열매 實 몸 體

어떤 사물이나 일의 실제 모습이나 상태.

예 그 사건의 [　][　]가 경찰에 의해 밝혀졌다.

실재
열매 實 있을 在

실제로 존재함.

예 그는 가상의 인물이 아니라 [　][　]의 인물이다.

사자성어로 어휘력 확장하기

※ 한자를 따라 쓰고 뜻과 음을 쓰세요.

천신만고

千	辛	萬	苦
일천	매울	일만	쓸

千	辛	萬	苦
일천 천	매울 신	일만 만	쓸 고

'천 가지 매운 것과 만 가지 쓴 것'이라는 뜻으로, 온갖 어려운 고비를 다 겪으며 심하게 고생하는 것을 가리킨다.

천인공노

天	人	共	怒
하늘	사람	한가지	성낼

天	人	共	怒

'하늘과 사람이 함께 분노한다.'는 뜻으로, 누구나 분노할 만큼 증오스럽거나 도저히 용납할 수 없는 경우를 가리킬 때 쓰인다.

천재지변

天	災	地	變
하늘	재앙	땅	변할

天	災	地	變

지진, 홍수, 태풍 따위의 자연 현상으로 인한 재앙을 일컫는다.

천차만별

千	差	萬	別
일천	다를	일만	나눌

千	差	萬	別

여러 가지 사물이 모두 차이가 있고 구별이 있음을 의미한다.

천편일률

千	篇	一	律
일천	책	한	법칙

千	篇	一	律

'천 개의 책이 같은 규칙으로 되어 있다.'라는 뜻으로, 여럿이 개별적 특성이 없이 모두 비슷비슷함을 비유한 표현이다.

철두철미

徹	頭	徹	尾
통할	머리	통할	꼬리

徹	頭	徹	尾

'머리에서 꼬리까지 통한다.'라는 뜻으로, 처음부터 끝까지 빈틈없고 철저한 경우를 가리킨다.

실전 문제로 어휘력 완성하기

● 다음 시를 읽고 물음에 답하시오.

> 거울속에도내게귀가있소
> 내말을못알아듣는딱한귀가두개나있소
>
> 거울속의나는왼손잡이오
> 내악수를받을줄모르는―악수를모르는왼손잡이오
>
> – 이상, 「거울」 중에서

01 이 시에서처럼 자신을 비판하거나 조롱하는 내용을 담고 있는 어조는? (   )

● 다음 시를 읽고 물음에 답하시오.

> 북쪽 툰드라에도 찬 새벽은   한바다 복판 용솟음치는 곳
> 눈 속 깊이 꽃맹아리가 옴작거려   바람결 따라 타오르는 꽃 성(成)에는
> 제비 떼 까맣게 날아오길 기다리나니   나비처럼 취하는 회상의 무리들아
> 마침내 저버리지 못할 약속이여!   오늘 내 여기서 너를 불러 보노라
>
> – 이육사, 「꽃」 중에서

02 이 시의 어조나 분위기와 거리가 먼 것을 고르시오.
① 상징적   ② 저항적   ③ 구도적   ④ 의지적   ⑤ 영탄적

● 다음 시를 읽고 물음에 답하시오.

> 남(南)으로 창(窓)을 내겠소.   구름이 꼬인다 갈 리 있소
> 밭이 한참갈이   새 노래는 공으로 들으랴오.
> 괭이로 파고   강냉이가 익걸랑
> 호미론 김을 매지요.   함께 와 자셔도 좋소
>
> – 김상용, 「남으로 창을 내겠소」 중에서

03 이 시의 성격과 거리가 먼 것을 고르시오.
① 목가적   ② 시각적   ③ 낭만적   ④ 애상적   ⑤ 전원적

● **04~06** 다음 설명에 맞는 글자를 골라 ①한글과 ②한자로 쓰시오.

別	在	判	實	體	實
나눌 별	있을 재	판단할 판	열매 실	몸 체	열매 실

04 옳고 그름이나 좋고 나쁨을 판단하여 구별함.　　(① 　　　　), (② 　　　　)

05 어떤 사물이나 일의 실제 모습이나 상태.　　(① 　　　　), (② 　　　　)

06 실제로 존재함.　　(① 　　　　), (② 　　　　)

● **07~09** 제시된 초성을 참고하여 다음 예문을 완성하시오.

07 그는 종업원에게 욕설과 ㅎ ㄴ 을 퍼부었다.　　(　　　　)
트집을 잡아 지나치게 많이 따지고 듦.

08 팀장은 팀원들의 사기 ㄱ ㅊ 를 위하여 노력해야 한다.　　(　　　　)
생각이나 마음. 의욕 등이 강해지도록 함.

09 이 캠페인은 시민들의 환경 의식 ㄱ ㅇ 을 위해 기획되었다.　　(　　　　)
의식. 감정. 분위기 따위를 한껏 북돋워서 높임.

● **10~12** 보기 를 참고하여 내용에 맞는 사자성어를 완성하시오.

보기

고	편	천	노	만	인
신	공	률	일	천	천

10 온갖 어려운 고비를 다 겪으며 심하게 고생함을 의미함.　　(　　　　)

11 누구나 분노할 만큼 증오스럽거나 도저히 용납할 수 없음을 이르는 말.　　(　　　　)

12 여럿이 개별적 특성이 없이 모두 엇비슷한 현상을 비유적으로 이르는 말.　　(　　　　)

24

국어 실력 확인 문제

제1차시

※ 01~03 다음 시에 쓰인 문학의 미적 범주를 보기 에서 골라 물음에 답하시오.

보기
숭고미   우아미   비장미   골계미

01 이 시에서 느껴지는 미적 범주를 골라 쓰시오.

생사(生死) 길은
예 있으매 머뭇거리고,
나는 간다는 말도
못다 이르고 어찌 갑니까.

– 월명사, 「제망매가」 중에서

(   )

02 이 시에서 느껴지는 미적 범주를 골라 쓰시오.

날이 덥도다. 물 위에 고기 떴다.
닻 들어라 닻 들어라.
갈매기 둘씩 셋씩 오락가락 하는구나.
지국총 지국총 어사와
아이야, 낚시대는 쥐고 있다. 탁주병은 실었느냐?

– 윤선도, 「어부사시사」 중에서

(   )

03 이 시에서 느껴지는 미적 범주를 골라 쓰시오.

두꺼비 파리를 물고 두엄 위에 치달아 앉아
건넛산 바라보니 백송골이 떠 있거늘,
가슴이 끔찍하여 풀떡 뛰어 내닫다가 두엄 아래
자빠지는구나.
마침 날랜 나이기에 망정이지 어혈 질 뻔했구나.

– 작자 미상, 「두꺼비 파리를 물고」

(   )

※ 04~07 다음 설명에 맞는 단어를 보기 에서 찾아 쓰시오.

보기
심문   아성   알력   야합

04 좋지 못한 목적 아래 서로 어울림.

(   )

05 어떤 일과 관련된 사람에게 자세하게 따져서 물음.

(   )

06 의견이나 입장이 서로 맞지 않아 충돌함.

(   )

07 어떤 세력의 가장 중요한 근거지를 비유하는 말.

(   )

※ 08~10 다음 설명을 읽고 제시된 초성에 맞는 단어를 쓰시오.

08 자격이나 지위, 등급 등이 오름. ㅅㄱ ☐☐

09 문학, 예술 등에서 독창성 없이 그대로 모방하는 것. ㅇㄹ ☐☐

10 직접 돌아다니며 현장의 분위기나 사정을 살핌. ㅅㅊ ☐☐

11 아주 짧고 간결한 말로 핵심이나 남의 약점을 찌를 수 있음을 뜻하는 사자성어는?

① 촌철살인(寸鐵殺人)　② 청산유수(靑山流水)
③ 청천벽력(靑天霹靂)　④ 청출어람(靑出於藍)

12 여러 번 실패해도 포기하지 않고 계속 노력할 때 사용하는 사자성어는?

① 청출어람(靑出於藍)　② 칠전팔기(七顚八起)
③ 촌철살인(寸鐵殺人)　④ 청천벽력(靑天霹靂)

시험 빈출 어휘로 국어 개념 잡기

숭고미 높을 崇 높을 高 아름다울 美

성스럽고 위대한 느낌을 주는 아름다움으로 자신이 바라는 이상과 현실을 일치시키려는 상황에서 드러난다. 감동, 거룩함, 장엄함 등을 포괄한다. 월명사「제망매가」는 '누이의 요절'이라는 슬픈 현실을 극락 세계에서 다시 만나겠다는 믿음으로 극복함으로써 숭고미를 느끼게 한다.

예시 월명사,「제망매가」중에서

생사(生死) 길은
예 있으매 머뭇거리고,
나는 간다는 말도
못다 이르고 어찌 갑니까.

우아미 넉넉할 優 맑을 雅 아름다울 美

자연을 꿈꾸는 화자가 자연의 조화라는 가치에 순응하는 태도를 보일 때 드러나는 미의식이다. 아름다운 형상이나 수려한 자태를 묘사함으로써 자연의 멋과 풍류를 드러내는 고전 시가에서 주로 나타난다. 윤선도의 「어부사시사」는 자연 속에서 한가롭고 평화롭게 살아가는 삶을 이상적으로 생각하는 화자가 현실에서의 즐거움을 표현함으로써 우아미를 느낄 수 있다.

예시 윤선도,「어부사시사」중에서

날이 덥도다. 물 위에 고기 떴다.
닻 들어라 닻 들어라.
갈매기 둘씩 셋씩 오락가락 하는구나.
지국총 지국총 어사와*
아이야, 낚시대는 쥐고 있다. 탁주병은 실었느냐?

*지국총 지국총 어사와: 노 젓는 소리와 구령 소리.

비장미 슬플 悲 장할 壯 아름다울 美

소망하는 것이 좌절되었을 때, 현실과 이상이 어긋난 상황에서 드러나는 미의식이다. 타협하지 않는 굳은 의지, 좌절로 인한 슬픔과 한(恨) 등에서 오는 경우가 많다.

예시 이육사,「교목」중에서

푸른 하늘에 닿을 듯이
세월에 불타고 우뚝 남아 서서
차라리 봄도 꽃피진 말아라.

골계미 익살스러울 滑 상고할 稽 아름다울 美

기존의 권위나 이치를 풍자나 해학으로 우스꽝스럽게 표현할 때 발생하는 미의식이다. 대상과 상황이 어울리지 않는 부조화를 근거로 한 것으로, 재미와 변덕스러움, 이상함과 기묘함 등에서 오는 문학적 아름다움을 가리킨다.

예시 작자 미상,「두꺼비 파리를 물고」

두꺼비 파리를 물고 두엄 위에 치달아 앉아
건넛산 바라보니 백송골이 떠 있거늘,
가슴이 끔찍하여 풀떡 뛰어 내닫다가 두엄 아래 자빠지는구나.
마침 날랜 나이기에 망정이지 어혈 질 뻔했구나.

교과서 필수 단어로 어휘력 키우기

승격
오를 昇 격식 格

자격이나 지위, 등급 등이 오름.

예 정부는 수원시를 특례시로 ☐☐ 하기로 결정했다.

승전
이길 勝 싸움 戰

싸움에서 이김.

예 이순신은 왜군과의 전투에서 ☐☐ 을 거두어 나라를 지켜 냈다.

시찰
볼 視 살필 察

직접 돌아다니며 둘러보고 현장의 분위기나 사정을 살핌.

예 도지사가 태풍 피해 지역에 ☐☐ 을 나와 이재민들을 만났다.

심문
살필 審 물을 問

어떤 일이나 사건과 관련된 사람에게 자세하게 따져서 물음.

예 경찰은 오랜 ☐☐ 끝에 결국 범인에게 자백을 받아 냈다.

실상
열매 實 형상 狀

실제의 상태나 내용.

예 그는 잠입 취재하여 인권 탄압의 ☐☐ 을 밝히려 했다.

실책
잃을 失 꾀 策

• 잘못된 방법이나 처리.
• 운동 경기에서, 공을 놓쳐 경기 상황을 상대에게 유리하게 만드는 일.

예 우리 팀은 수비의 어이없는 ☐☐ 으로 또 한 점을 내주었다.

아류
버금 亞 흐를 流

문학, 예술, 학문 등에서 독창성 없이 그대로 모방하는 것.

예 그 작품은 피카소의 ☐☐ 작품에 불과하다.

아성
어금니 牙 재 城

어떤 세력의 가장 중요한 근거지를 비유적으로 이르는 말.

예 정치 초년생이 수십 년 동안 정치한 그의 ☐☐ 을 무너뜨렸다.

알력
삐걱거릴 軋 칠 轢

수레바퀴가 삐걱거린다는 뜻. 의견, 입장이 서로 맞지 않아 충돌하는 것.

예 보수파와 개혁파 간의 ☐☐ 이 끊일 날이 없었다.

야합
들 野 합할 合

좋지 못한 목적 아래 서로 어울림.

예 권력과 언론의 ☐☐ 을 비판하는 집회가 열렸다.

사자성어로 어휘력 확장하기

※ 한자를 따라 쓰고 뜻과 음을 쓰세요.

청렴결백

淸	廉	潔	白
맑을	청렴할	깨끗할	흰

淸	廉	潔	白
맑을 청	청렴할 렴	깨끗할 결	흰 백

'맑고 검소하며 깨끗하고 순수하다.'라는 뜻으로, 마음이나 행동이 깨끗하며 재물에 욕심이 없는 것을 일컫는다.

청산유수

靑	山	流	水
푸를	메	흐를	물

靑	山	流	水

'푸른 산과 흐르는 물'이라는 뜻으로, 막힘없이 잘하는 말을 비유적으로 이르는 표현이다.

청천벽력

靑	天	霹	靂
푸를	하늘	벼락	벼락

靑	天	霹	靂

'맑게 갠 하늘에서 갑자기 떨어지는 벼락'이라는 뜻으로, 뜻밖에 일어난 큰 재앙이나 사고를 일컫는다.

청출어람

靑	出	於	藍
푸를	날	어조사	쪽

靑	出	於	藍

'푸른색은 쪽빛에서 나왔으나 쪽빛보다 더 푸르다.'라는 뜻으로, 제자가 스승보다 나은 경우를 가리킬 때 쓰인다.

촌철살인

寸	鐵	殺	人
마디	쇠	죽일	사람

寸	鐵	殺	人

'한 치의 쇠붙이로도 사람을 죽일 수 있다.'라는 뜻으로, 어떤 대상의 핵심이나 남의 약점을 날카롭게 파고드는 짧은 말 또는 글을 일컫는다.

칠전팔기

七	顚	八	起
일곱	엎드러질	여덟	일어날

七	顚	八	起

'일곱 번 넘어져도 여덟 번째 일어난다.'라는 뜻으로, 여러 번 실패해도 포기하지 않고 계속 노력하는 태도를 가리킨다.

실전 문제로 어휘력 완성하기

● 다음 시를 읽고 물음에 답하시오.

> 괴로웠던 사나이, / 행복한 예수 그리스도에게처럼
> 십자가가 허락된다면
>
> 모가지를 드리우고 / 꽃처럼 피어나는 피를
> 어두워 가는 하늘 밑에 / 조용히 흘리겠습니다.
>
> — 윤동주, 「십자가」 중에서

01 이 시에서처럼 성스럽고 위대한 느낌을 주는 아름다움으로, 자신이 바라는 이상과 현실을 일치시키려는 상황에서 드러나는 미적 범주는?

( )

● 다음 시를 읽고 물음에 답하시오.

> 십 년(十年)을 경영(經營)하여 초려삼간(草廬三間) 지어 내니,
> 나 한 간 달 한 간에 청풍(淸風) 한 간 맡겨 두고,
> 강산(江山)은 들일 데 없으니 둘러 두고 보리라.
>
> — 송순, 「십 년을 경영하여」

02 이 시에서처럼 힘든 현실에 만족하고 자연에 순응하는 태도를 보일 때 나타나는 미적 범주는?

( )

● 다음 시를 읽고 물음에 답하시오.

> 선 채로 이 자리에 돌이 되어도
> 부르다가 내가 죽을 이름이여!
> 사랑하던 그 사람이여!
> 사랑하던 그 사람이여!
>
> — 김소월, 「초혼」 중에서

03 이 시에서처럼 비극적 운명을 자각하고 극복하려는 의지에서 나타나는 미적 범주는?

( )

● 04~06 다음 설명에 맞는 글자를 골라 ①한글과 ②한자로 쓰시오.

| 轢 칠 력 | 亞 버금 아 | 察 살필 찰 | 視 볼 시 | 軋 삐걱거릴 알 | 流 흐를 류 |

04 직접 돌아다니며 둘러보고 현장의 분위기나 사정을 살핌.　(①　　　　), (②　　　　　)

05 문학, 예술, 학문 등에서 독창성 없이 그대로 모방하는 것.　(①　　　　), (②　　　　　)

06 의견이나 입장이 서로 맞지 않아 충돌하는 것.　(①　　　　), (②　　　　　)

● 07~09 제시된 초성을 참고하여 다음 예문을 완성하시오.

07 결정적인 ㅅ ㅊ 이 잇달아 나오며 결국 예선에서 탈락했다.　(　　　　　)
　　잘못된 방법이나 처리.

08 수십 년 쌓아 온 그의 ㅇ ㅅ 을 무너뜨릴 수 있는 중대한 사건이다.　(　　　　　)
　　어떤 세력의 가장 중요한 근거지를 비유적으로 이르는 말.

09 두 정당이 ㅇ ㅎ 하여 민생 법안을 졸속으로 처리했다.　(　　　　　)
　　좋지 못한 목적 아래 서로 어울림.

● 10~12 보기 를 참고하여 내용에 맞는 사자성어를 완성하시오.

| 출 | 람 | 인 | 촌 | 어 | 팔 |
| 철 | 전 | 청 | 기 | 칠 | 살 |

10 제자가 스승보다 나은 것을 비유하는 말.　(　　　　　)

11 여러 번 실패해도 포기하지 않고 계속 노력함.　(　　　　　)

12 아주 짧고 간결한 말로 핵심이나 남의 약점을 찌를 수 있음을 이르는 말.　(　　　　　)

국어 실력 확인 문제

※ **다음 시를 읽고 물음에 답하시오.**

> 산에는 꽃 피네.
> 꽃이 피네.
> 갈 봄 여름 없이
> 꽃이 피네.
>
> – 김소월, 「산유화」 중에서

01 이 시에서 두드러지게 나타나는 성격은?

① 동적   ② 정적
③ 점층적   ④ 주지적

※ **다음 시를 읽고 물음에 답하시오.**

> 벌판한복판에꽃나무하나가있소.근처에는꽃나무
> 가하나도없소.꽃나무는제가생각하는꽃나무를열
> 심으로생각하는것처럼열심으로꽃을피워가지고
> 섰소.꽃나무는제가생각하는꽃나무에게갈수없소.
> 나는막달아났소.한꽃나무를위하여그러는것처럼
> 나는참그런이상스러운흉내를내었소.
>
> – 이상, 「꽃나무」

02 이 시에서 두드러지게 나타나는 성격은?

① 수용적   ② 성찰적
③ 자조적   ④ 주지적

※ **03~05 빈칸에 들어갈 단어를 보기 에서 찾아 알맞은 형태로 쓰시오.**

보기

경질하다   겸연쩍다   경합하다

03 과거의 일로 그를 대하기 (   ) 자리를 피했다.

04 협회는 이번 사태의 책임을 물어서 대표 팀 감독을 어제 (   ).

05 그 사람은 지난 선거에서 회장 자리를 두고 선배들과 (   ).

※ **06~08 빈칸에 들어갈 단어를 보기 에서 찾아 알맞은 형태로 쓰시오.**

보기

공교롭다   결연하다   공공연하다

06 그에게서 성공하고야 말겠다는 (   ) 의지가 엿보였다.

07 그 두 사람이 사귄다는 사실은 (   ) 비밀이다.

08 아이가 찬 공이 (   )도 지나가던 사람을 맞췄다.

09 작은 일을 크게 과장하여 말하는 것을 뜻하는 사자성어는?

① 초지일관(初志一貫)   ② 타산지석(他山之石)
③ 침소봉대(針小棒大)   ④ 파란만장(波瀾萬丈)

10 필요할 때 이용하다 쓸모가 없어지면 가혹하게 버릴 때 사용하는 사자성어는?

① 파란만장(波瀾萬丈)   ② 탁상공론(卓上空論)
③ 타산지석(他山之石)   ④ 토사구팽(兎死狗烹)

시험 빈출 어휘로 국어 개념 잡기

점층적 점점 漸 층層

그 정도를 점점 강하게 하거나, 크게 하거나, 높인다는 뜻. 예시의 1행 '내 마음 아실 이'가 2행에서 내용이 첨가되며 점층적으로 표현되고 있다.

예시 김영랑, 「내 마음을 아실 이」 중에서

내 마음을 아실 이
내 혼자 마음 날같이 아실 이
그래도 어데나 계실 것이면

정적 고요할 靜 고요할 寂

움직임이 없이 정지 상태에 있는 듯 조용한 느낌. 김소월의 「산유화」에서 1연은 꽃이 핀 산의 풍경이 그려지듯 정적인 느낌이 든다.

예시 김소월, 「산유화」 중에서

산에는 꽃 피네.
꽃이 피네.
갈 봄 여름 없이
꽃이 피네.

종교적 근본 宗 가르칠 敎

종교의 체제나 교리를 따른다는 뜻. 한용운의 「찬송」에서는 임이 순수하고, 의롭고, 자비로운 존재가 되기를 기원하고 있다.

예시 한용운, 「찬송」 중에서

님이여, 당신은 봄과 광명과 평화를 좋아하십니다.
약자의 가슴에 눈물을 뿌리는 자비의 보살이 되옵소서.
님이여, 사랑이여, 얼음 바다의 봄바람이여.

주지적 주인 主 알知

감정에 치우치지 않고 지성에 따라 행동한다는 뜻. 현실에 대한 인식과 태도를 중심으로 자신의 삶의 태도를 드러내는 것을 '주지적'이라고 한다. 이상의 「꽃나무」는 화자와 꽃나무를 동일시하여, 아무리 노력해도 이상적 자아에 도달할 수 없는 현실적 자아의 좌절을 노래하고 있다.

예시 이상, 「꽃나무」

벌판한복판에꽃나무하나가있소.근처에는꽃나무가 하나도없소.꽃나무는제가생각하는꽃나무를열심으로생각하는것처럼열심으로꽃을피워가지고섰소. 꽃나무는제가생각하는꽃나무에게갈수없소. 나는막달아났소.한꽃나무를위하여그러는것처럼나는참그런이상스러운흉내를내었소.

교과서 필수 단어로 어휘력 키우기

건장하다
굳셀 健 장할 壯

몸이 튼튼하고 기운이 세다.

예 그는 어깨가 넓고 키가 큰 ☐☐ 한 청년이었다.

결연하다
결단할 決 그럴 然

마음가짐과 태도가 매우 확고하다.

예 그에게서 성공하고야 말겠다는 ☐☐ 한 의지가 엿보였다.

겸연쩍다
찐덥지 않을 慊 그럴 然

쑥스럽거나 미안하여 부끄럽고 어색하다.

예 과거의 일로 그를 대하기가 ☐☐☐ 자리를 피했다.

경질하다
고칠 更 번갈아들 迭

어떤 직위에 있는 사람을 다른 사람으로 바꾸다.

예 협회는 이번 사태의 책임을 물어 대표팀 감독을 어제 ☐☐ 했다.

경합하다
다툴 競 합할 合

둘 이상의 사람이 서로 맞서 겨루다.

예 그 사람은 지난 선거에서 회장 자리를 두고 선배들과 ☐☐ 했다.

구성지다

(노랫소리나 악기 소리가) 자연스럽고 구수한 멋이 있다.

예 명창의 ☐☐☐ 노랫소리에 신명이 나서 어깨가 들썩였다.

공공연하다
공평할 公 그럴 然

숨김이나 거리낌이 없이 모든 사람에게 드러나 있다.

예 두 사람의 사이가 나쁘다는 것은 ☐☐☐ 비밀이다.

공교롭다
장인 工 공교할 巧

우연히 뜻밖의 일이 일어나서 놀랍다.

예 아이가 찬 공이 ☐☐☐☐ 도 지나가던 사람을 맞췄다.

기구하다
험할 崎 험할 嶇

살아가는 동안에 불행과 불운이 자주 있다.

예 그녀는 전쟁 통에 가족을 잃는 ☐☐☐ 운명을 타고났다.

난감하다
어려울 難 견딜 堪

분명하게 마음을 정하거나 감당하기가 어렵다.

예 두 친구 중 누구를 뽑아야 할지 선택하기가 ☐☐ 하다.

사자성어로 어휘력 확장하기

※ 한자를 따라 쓰고 뜻과 음을 쓰세요.

침소봉대

針	小	棒	大
바늘	작을	막대	클

針	小	棒	大
바늘 침	작을 소	막대 봉	클 대

'바늘만 한 것을 몽둥이 만하다고 말한다.'라는 뜻으로, 작은 일을 크게 과장하여 말하는 것을 의미한다.

초지일관

初	志	一	貫
처음	뜻	한	꿸

初	志	一	貫

'처음 품은 뜻을 하나로 꿴다.'라는 뜻으로, 처음에 세운 뜻을 끝까지 밀고 나가는 것을 이르는 말이다.

타산지석

他	山	之	石
다를	메	갈	돌

他	山	之	石

'다른 산의 나쁜 돌이라도 옥돌을 가는 데에 쓸 수 있다.'라는 뜻으로, 다른 사람의 좋지 않은 태도나 행동도 자신의 몸과 마음을 바로잡는 데에 도움이 될 수 있음을 의미한다.

탁상공론

卓	上	空	論
높을	윗	빌	논할

卓	上	空	論

'탁자 위에서만 펼치는 헛된 논설'이라는 뜻으로, 현실성이 없는 허황한 이론이나 논의를 가리킨다.

토사구팽

兎	死	狗	烹
토끼	죽을	개	삶을

兎	死	狗	烹

'토끼 사냥에 쓰인 개가 쓸모가 없어지면 삶아 먹는다.'라는 뜻으로, 필요할 때 요긴하게 써 먹고 쓸모가 없어지면 가혹하게 버리는 경우를 가리키는 표현이다.

파란만장

波	瀾	萬	丈
물결	물결	일만	어른

波	瀾	萬	丈

'물결치는 파도의 폭이 만 장이나 된다.'라는 뜻으로, 생활이나 일의 진행이 시련이 많고 변화가 심한 것을 일컫는다.

실전 문제로 어휘력 완성하기

● 다음 시를 읽고 물음에 답하시오.

> 아무도 그에게 수심(水深)을 일러 준 일이 없기에
> 흰 나비는 도무지 바다가 무섭지 않다.
>
> 청(靑)무 밭인가 해서 내려갔다가는
> 어린 날개가 물결에 절어서
> 공주처럼 지쳐서 돌아온다.
>
> — 김기림, 「바다와 나비」 중에서

01 이 시에서처럼 감정에 치우치지 않고 현실에 대한 인식과 태도를 드러내는 성격은?

(   )

● 다음 시를 읽고 물음에 답하시오.

> 잔디,
> 잔디,
> 금잔디,
> 심심산천(深深山川)에 붙은 불은
> 가신 임 무덤 가에 금잔디.
> <u>봄이 왔네, 봄빛이 왔네.</u>
> 버드나무 끝에도 실가지에
> <u>봄빛이 왔네, 봄날이 왔네.</u>
> 심심산천에도 금잔디에.
>
> — 김소월, 「금잔디」

02 이 시에 대한 **보기** 의 설명을 읽고 빈칸에 들어갈 알맞은 말을 쓰시오.

> ──── **보기** ────
>
> 같거나 비슷한 어구를 겹쳐 써서 시어의 뜻을 순차적으로 강화시키는 □□□ 표현으로 봄이 왔음을 강조하는 한편, 임의 부재를 더욱 절실하게 나타낸다.

(   )

● 03~05 다음 설명에 맞는 단어를 **보기** 에서 골라 쓰시오.

┌─────── 보기 ───────┐
│ 결연하다   겸연쩍다   경질하다 │
│ 구성지다   공교롭다   난감하다 │
└────────────────────┘

03 우연히 뜻밖의 일이 일어나서 놀랍다.   (   )

04 쑥스럽거나 미안하여 부끄럽고 어색하다.   (   )

05 마음가짐과 태도가 매우 확고하다.   (   )

● 06~08 제시된 초성을 참고하여 다음 예문을 완성하시오.

06 책임을 물어 관련자를 ㄱ ㅈ 하고 후임자를 임명했다.   (   )
   어떤 직위에 있는 사람을 다른 사람으로 바꿈.

07 이번 국회의원 선거에는 세 후보가 ㄱ ㅎ 을 벌이고 있다.   (   )
   둘 이상의 사람이 서로 맞서 겨룸.

08 전쟁 통에 그녀는 ㄱ ㄱ 한 운명을 지닌 채 태어났다.   (   )
   살아가는 동안에 불행과 불운이 자주 있음.

● 09~11 **보기** 를 참고하여 내용에 맞는 사자성어를 완성하시오.

09 작은 일을 크게 과장하여 말하는 것.   (   )

10 처음에 세운 뜻을 이루려고 끝까지 밀고 나감.   (   )

11 필요할 때 요긴하게 써 먹고 쓸모가 없어지면 가혹하게 버린다는 뜻.   (   )

국어 실력 확인 문제

제1차시

※ 다음 시를 읽고 물음에 답하시오.

> 고향에 고향에 돌아와도
> 그리던 고향은 아니러뇨.
>
> 산꿩이 알을 품고
> 뻐꾸기 제철에 울건만.
>
> … 중략 …
> 어린 시절에 불던 풀피리 소리 아니 나고
> 메마른 입술에 쓰디쓰다.
>
> 고향에 고향에 돌아와도
> 그리던 하늘만이 높푸르구나.
>
> – 정지용, 「고향」 중에서

01 이 시에서처럼 처음과 끝에 비슷한 시구를 배치함으로써 의미를 강조하고 구조적인 안정감을 주는 시상 전개 방식은?

(   )

※ 다음 시를 읽고 물음에 답하시오.

> 훨훨 나는 저 꾀꼬리
> 암수 서로 정답구나.
>
> 외로운 이내 몸은
> 누구와 함께 돌아갈꼬.
>
> – 유리왕, 「황조가」

02 이 시에서처럼 자연경관이나 사물의 모습을 먼저 표현하고, 뒷부분에서 화자의 감정이나 정서를 나타내는 시상 전개 방식을 무엇이라고 하나?

(   )

※ **03~05** 빈칸에 들어갈 단어를 **보기**에서 찾아 알맞은 형태로 쓰시오.

보기

막론하다   다분하다   다채롭다

03 기존의 법은 사기꾼들에 의해서 악용될 소지가
(   )고 판단된다.

04 다양한 예술가들이 참가하는 (   )
공연이 준비되었다.

05 그는 남녀노소를 (   ) 누구나 좋아
하는 배우이다.

※ **06~08** 빈칸에 들어갈 단어를 **보기**에서 찾아 알맞은 형태로 쓰시오.

보기

무릅쓰다   무도하다   면밀하다

06 그는 모든 서류에 대해서 한 치의 오차도 없이
(   ) 검토한다.

07 한반도를 짓밟은 (   ) 침략자들에게
항복할 수 없다.

08 그들은 위험을 (   ) 물에 빠진 아
이를 구했다.

09 적을 거침없이 물리치고 쳐들어가는 기세를 뜻하는
사자성어는?

① 파안대소(破顔大笑)   ② 파죽지세(破竹之勢)
③ 팔방미인(八方美人)   ④ 패가망신(敗家亡身)

10 겉으로 드러나는 언행과 생각이 다를 때 사용하는
사자성어는?

① 포복절도(抱腹絶倒)   ② 청천벽력(靑天霹靂)
③ 파안대소(破顔大笑)   ④ 표리부동(表裏不同)

시험 빈출 어휘로 국어 개념 잡기

시상
시 詩 생각 想

시를 통해 시인이 전달하고자 하는 생각이나 정서이다. 시인은 시상을 효과적으로 표현하기 위해 소재나 시구 등을 일정한 질서에 따라 배열하는 데 이것을 '시상 전개'라고 한다. 시상 전개 방식을 이해하면 시인이 표현하고자 하는 사상이나 주제를 이해하는 데 큰 도움이 된다.

수미상관
머리 首 꼬리 尾 서로 相 관계할 關

처음(머리)을 가리키는 '수(首)'와 끝(꼬리)을 가리키는 '미(尾)'가 서로 관련이 있다는 뜻이다. 시의 처음과 끝에 같거나 비슷한 시구를 배치하여 의미를 강조하고 음악적 효과와 구조적 안정감을 준다.

예 고향에 고향에 돌아와도 ┐1연
그리던 고향은 아니러뇨.

… 중략 …

고향에 고향에 돌아와도 ┐6연
그리던 하늘만이 높푸르구나.

처음과 끝이
비슷함.

– 정지용, 「고향」 중에서

기승전결
일어날 起 이을 承 구를 轉 맺을 結

한시나 시조 등에서 흔히 발견되는 가장 전통적인 시상 전개 방법이다. 기승전결의 시상 전개가 4단계로 이루어지기 때문에 4연으로 구성되는 경우가 많다. 대체로 '기'에서는 시상을 제기하고, '승'에서는 시상을 심화하며, '전'에서는 시상의 전환이 나타나고, '결'에서는 중심 생각이나 정서가 제시된다.

서정주의 「국화 옆에서」의 시상 전개를 살펴보자.

기 (시상의 제기)	1연 ➡ 꽃이 피기까지의 아픔의 과정
승 (시상의 심화)	2연 ➡ 고뇌와 아픔의 심화
전 (시상의 전환)	3연 ➡ 지난날을 자성하는 원숙한 경지
결 (중심 생각)	4연 ➡ 시련을 거쳐 도달한 삶의 경지

선경후정
먼저 先 경치 景 뒤 後 뜻 情

앞부분에서는 자연경관이나 사물의 모습을, 뒷부분에서 화자의 감정이나 정서를 나타내는 시상 전개 방식이다. 자연으로부터 깨달음을 얻거나 즐거움을 느끼는 전통적인 방법으로 고전 시가에 많이 나타난다.

예 훨훨 나는 저 꾀꼬리
암수 서로 정답구나.
외로운 이내 몸은
누구와 함께 돌아갈꼬.

선경(경치 묘사)

후정(감정 표현)

– 유리왕, 「황조가」

교과서 필수 단어로 어휘력 키우기

낭자하다 이리 狼 깔 藉	여기저기 묻거나 흩어져 있어 어지럽다. 예) 이 영화는 유혈이 [ ][ ] 한 장면이 많아 청소년 관람 불가이다.
느물대다	말이나 행동을 자꾸 능글맞게 하다. 예) 아무에게나 [ ][ ] 며 농담하는 태도가 마음에 들지 않다.
다분하다 많을 多 나눌 分	어떠한 경향이나 가능성이 어느 정도 많다. 예) 그 법은 사기꾼들에게 악용될 소지가 [ ][ ] 하다고 판단된다.
다채롭다 많을 多 채색 彩	여러 가지 색, 종류, 모양 등이 어울려 다양하고 화려하다. 예) 폐막식에서는 다양한 예술가들이 참가하는 [ ][ ][ ][ ] 공연이 준비되었다.
단조롭다 홀 單 고를 調	단순하고 변화가 없어 새로운 느낌이 없다. 예) 섬에서의 생활은 늘 똑같고 [ ][ ][ ][ ] .
돈독하다 도타울 敦 도타울 篤	서로의 관계가 사랑이 깊고 성실하다. 예) 남매간의 우애가 [ ][ ] 하다.
막론하다 없을 莫 논할 論	이것저것 따지고 가려 말하지 아니하다. 예) 그녀는 남녀노소를 [ ][ ][ ][ ] 누구나 좋아하는 배우이다.
면밀하다 솜 綿 빽빽할 密	(일 처리가) 꼼꼼하여 빈틈이 없다. 예) 그는 모든 서류를 한 치의 오차도 없이 [ ][ ] 하게 검토한다.
무도하다 없을 無 길 道	말이나 행동이 인간으로서 지켜야 할 도리에 어긋나서 막되다. 예) 한반도를 짓밟은 [ ][ ] 한 침략자들에게 항복할 수 없다.
무릅쓰다	힘들고 어려운 일을 참고 견디다. 예) 그들은 위험을 [ ][ ][ ][ ] 물에 빠진 아이를 구했다.

사자성어로 어휘력 확장하기

※ 한자를 따라 쓰고 뜻과 음을 쓰세요.

파안대소

破	顔	大	笑
깨뜨릴	낯	클	웃음

破	顔	大	笑
깨뜨릴 파	낮 안	클 대	웃음 소

'얼굴이 찢어지도록 크게 웃는다.'라는 뜻으로, 매우 즐거운 표정으로 한바탕 크게 웃는 것을 가리킨다.

파죽지세

破	竹	之	勢
깨뜨릴	대	갈	형세

破	竹	之	勢

'대나무를 쪼개는 기세'라는 뜻으로, 적을 거침없이 물리치고 쳐들어가는 기세를 일컫는 표현이다.

팔방미인

八	方	美	人
여덟	모	아름다울	사람

八	方	美	人

'여덟 방면에서 아름다운 사람.'이라는 뜻으로, 여러 방면에 능통한 사람을 비유적으로 가리킬 때 쓰인다.

패가망신

敗	家	亡	身
패할	집	망할	몸

敗	家	亡	身

'가문을 무너뜨리고 자신을 망하게 한다.'라는 뜻으로, 개인의 잘못이 가족에게까지 미쳐 가문 전체를 몰락하게 만드는 경우를 일컫는다.

포복절도

抱	腹	絶	倒
안을	배	끊을	넘어질

抱	腹	絶	倒

포복(抱腹)은 '배를 감싸 안다.', 절도(絶倒)는 '까무러쳐 넘어진다.'라는 뜻으로, 배를 감싸 안고 까무러쳐 넘어질 정도로 웃기는 경우에 쓰는 표현이다.

표리부동

表	裏	不	同
겉	속	아닐	한가지

表	裏	不	同

'겉과 속이 같지 않다.'라는 뜻으로, 속마음과 다르게 말하거나 행동하는 것을 일컫는다.

실전 문제로 어휘력 완성하기

● 다음 시를 읽고 물음에 답하시오.

> 매운 계절의 채찍에 갈겨 / 마침내 북방으로 휩쓸려 오다.
>
> 하늘도 그만 지쳐 끝난 고원 / 서릿발 칼날 진 그 위에 서다.
>
> 어데다 무릎을 꿇어야 하나 / 한 발 재겨 디딜 곳조차 없다.
>
> 이러매 눈 감아 생각해 볼밖에 / 겨울은 강철로 된 무지갠가 보다.
>
> — 이육사, 「절정」

01 이 시와 같이 시상의 제시, 시상의 심화, 시상의 전환, 시상 마무리 등 4단계로 시상이 전개되는 방식은?

(   )

● 다음 시를 읽고 물음에 답하시오.

> 고향에 고향에 돌아와도
> 그리던 고향은 아니러뇨.
>
> 산꿩이 알을 품고
> 뻐꾸기 제철에 울건만.
> …중략…
>
> 어린 시절에 불던 풀피리 소리 아니 나고
> 메마른 입술에 쓰디쓰다.
>
> 고향에 고향에 돌아와도
> 그리던 하늘만이 높푸르구나.
>
> — 정지용, 「고향」 중에서

02 이 시에서처럼 처음과 끝에 비슷한 시구를 배치하여 의미를 강조하는 시상 전개 방식은?

(   )

03 앞부분에서 자연경관이나 사물의 모습을 그려 내고, 뒷부분에서는 화자의 감정이나
정서를 나타내는 시상 전개 방식은? (   )

● 04~06 다음 설명에 맞는 단어를 보기 에서 찾아 쓰시오.

보기

| 면밀하다 | 무도하다 | 무릅쓰다 |
| 단조롭다 | 다분하다 | 낭자하다 |

04 말이나 행동이 인간으로서 지켜야 할 도리에 어긋나서 막되다. (   )

05 일 처리가 꼼꼼하여 빈틈이 없다. (   )

06 어떠한 경향이나 가능성이 어느 정도 많다. (   )

● 07~09 제시된 초성을 참고하여 다음 예문을 완성하시오.

07 준수는 교우 관계가 ㄷ ㄷ 하다. (   )
　　　　　　서로의 관계가 사랑이 깊고 성실함.

08 이번 개막식에는 ㄷ ㅊ ㄹ ㅇ 행사가 마련되어 있다. (   )
　　　　　　여러 가지 색, 종류, 모양 등이 어울려 다양하고 화려함.

09 그런 문제는 동서고금을 ㅁ ㄹ 하고 비일비재하다. (   )
　　　　　　이것저것 따지고 가려 말하지 아니함.

● 10~12 보기 를 참고하여 내용에 맞는 사자성어를 완성하시오.

보기

| 절 | 망 | 복 | 표 | 포 | 패 |
| 신 | 가 | 동 | 부 | 도 | 리 |

10 집안의 재산을 다 써 없애고 신세를 망침. (   )

11 배를 부둥켜안고 넘어질 정도로 몹시 웃음. (   )

12 겉으로 드러나는 언행과 속으로 가지는 생각이 다름. (   )

제1차시

국어 실력 확인 문제

※ 다음 시를 읽고 물음에 답하시오.

> 두꺼비 파리를 물고 두엄 위에 치달아 앉아
> 건넛산 바라보니 백송골이 떠 있거늘,
> 가슴이 끔찍하여 풀떡 뛰어 내닫다가 두엄 아래
> 자빠지는구나.
> 마침 날랜 나이기에 망정이지 어혈 질 뻔했구나.
>
> – 작자 미상, 「두꺼비 파리를 물고」

01 이 시에서 두드러지게 나타나는 성격은?

① 해학적   ② 풍자적
③ 회화적   ④ 현실적

※ 다음 시를 읽고 물음에 답하시오.

> 잃어버렸습니다.
> 무얼 어디다 잃었는지 몰라
> 두 손이 주머니를 더듬어
> 길에 나아갑니다.
>
> 돌과 돌과 돌이 끝없이 연달아
> 길은 돌담을 끼고 갑니다.
>
> 담은 쇠문을 굳게 닫아
> 길 위에 긴 그림자를 드리우고
>
> 길은 아침에서 저녁으로
> 저녁에서 아침으로 통했습니다.
>
> – 윤동주, 「길」 중에서

02 이 시에서 두드러지게 나타나는 성격은?

① 풍자적   ② 해학적
③ 현실적   ④ 회고적

※ 03~05 빈칸에 들어갈 단어를 보기 에서 찾아 알맞은 형태로 쓰시오.

> **보기**
>
> 소담하다   수려하다   생경하다

03 그 지역 방언은 마치 태어나서 처음 접해 보는 외국어로 들릴 만큼 (   ) 느껴졌다.

04 바구니에 과일이 (   ) 담겨 있다.

05 어제 보았던 설악산 주변 경관의 모습이 말로 표현하기 힘들 만큼 (   ).

※ 06~08 빈칸에 들어갈 단어를 보기 에서 찾아 알맞은 형태로 쓰시오.

> **보기**
>
> 방자하다   볼품없다   병약하다

06 어른 앞에서 (   ) 굴어서는 안 된다.

07 그녀는 얼굴이 창백해서 (   ) 인상을 준다.

08 이 식당의 외관은 (   )만 음식 맛이 뛰어나다.

09 어떤 일에 대해 아무런 의견도 내지 않고 침묵을 지키는 상황에 사용하는 사자성어는?

① 풍전등화(風前燈火)   ② 학수고대(鶴首苦待)
③ 함구무언(緘口無言)   ④ 허심탄회(虛心坦懷)

10 아무 소식 없이 돌아오지 않거나 늦게 오는 사람을 비유적으로 표현하는 사자성어는?

① 허심탄회(虛心坦懷)   ② 혈혈단신(孑孑單身)
③ 학수고대(鶴首苦待)   ④ 함흥차사(咸興差使)

시험 빈출 어휘로 국어 개념 잡기

풍자적　풍자할 諷　찌를 刺

'풍자'는 남의 결점을 다른 것에 빗대어 비웃으면서 폭로하거나 비판하는 성격을 띠는 것을 말한다. 「두꺼비 파리를 물고」는 조선 시대 양반의 허세와 탐관오리를 풍자한 사설시조이다.

예시 작자 미상, 「두꺼비 파리를 물고」

두꺼비 파리를 물고 두엄 위에 치달아 앉아
건넛산 바라보니 백송골이 떠 있거늘,
가슴이 끔찍하여 풀떡 뛰어 내닫다가 두엄 아래 자빠지는구나.
마침 날랜 나이기에 망정이지 어혈 질 뻔했구나.

해학적　화합할 諧　희롱할 謔

'풍자'가 결점이나 부정부패를 비웃는 것이라면, '해학'은 아픔을 웃음으로 승화하는 것이다. 「님이 오마 하거늘」은 자연물을 님으로 착각하여 허둥대는 화자의 모습을 해학적으로 표현한 사설시조이다.

예시 작자 미상, 「님이 오마 하거늘」 중에서

주추리 삼대*가 알뜰히도 나를 속였구나.
마침 밤이기에 망정이지 행여 낮이었다면 남 웃길 뻔해구나.

* 주추리 삼대: 삼의 껍질을 벗기고 난 속대. 키가 크고 흰 빛을 띠므로, 밤에는 사람으로 착각할 수도 있다.

현실적　나타날 現　열매 實

현재 실제로 있거나 이루어질 수 있다는 뜻이다. 윤동주의 「길」은 잃어버린 참된 자아를 찾아가는 과정을 현실에서 무언가를 찾아 나서는 듯 사실적으로 묘사하고 있다.

예시 윤동주, 「길」 중에서

잃어버렸습니다.
무얼 어디다 잃었는지 몰라
두 손이 주머니를 더듬어
길에 나아갑니다.

초현실적　뛰어넘을 超　나타날 現　열매 實

지금 실제로 존재하는 현실을 벗어났다는 뜻이다. 이상의 「오감도」는 띄어쓰기를 무시하는 등 기존 문법의 질서를 파괴하고, 숫자와 기호, 도표 같은 새로운 형태를 선보인다는 점에서 낯설고 실험적인 성격을 띤다.

예시 이상, 「오감도」 중에서

13인의아해가도로로질주하오
(길은막다른골목이적당하오)

제1의아해가무섭다고그리오
제2의아해도무섭다고그리오
제3의아해도무섭다고그리오

교과서 필수 단어로 어휘력 키우기

미묘하다
작을 微 묘할 妙

뚜렷하지 않고 야릇하고 묘하다.

예 나는 그에게 사랑과 미움이 뒤섞인 [ ][ ]한 감정을 가지고 있다.

방자하다
놓을 放 마음대로 恣

조심스러워하는 태도가 없이 무례하고 건방지다.

예 그는 너무 귀하게 자라서 말버릇이나 행동거지가 [ ][ ][ ][ ].

병약하다
병 病 약할 弱

병으로 인하여 몸이 쇠약하다.

예 그녀는 얼굴이 창백해서 [ ][ ][ ] 인상을 준다.

볼품없다

겉으로 드러나 보이는 모습이 초라하다.

예 이 식당의 외관은 [ ][ ] 없지만 음식 맛이 뛰어나다.

불가피하다
아닐 不 옳을 可 피할 避

피할 수 없다.

예 그는 [ ][ ]한 사정 때문에 회의에 불참했다.

빈정대다

남을 은근히 비웃으며 자꾸 비꼬는 말을 하거나 놀리다.

예 무엇이 마음에 안 드는지 계속 [ ][ ][ ]는 말투로 대답했다.

생경하다
날 生 굳을 硬

어떤 일이 익숙하지 않아 어색하고 낯설다.

예 그 지역 방언은 마치 태어나서 처음 들어 보는 외국어로 느껴질 만큼 [ ][ ]했다.

생소하다
날 生 소통할 疏

어떤 일(대상)에 익숙하지 못하고 서투르다.

예 당시만 해도 큐레이터는 [ ][ ]한 직업이었다.

소담하다

생김새가 탐스럽고 풍족하다.

예 바구니에 과일이 [ ][ ]하게 담겨 있다.

수려하다
빼어날 秀 고울 麗

뛰어나게 아름답다.

예 설악산의 주변 경치가 [ ][ ][ ][ ].

사자성어로 어휘력 확장하기

※ 한자를 따라 쓰고 뜻과 음을 쓰세요.

풍전등화

風	前	燈	火
바람	앞	등	불

風	前	燈	火
바람 풍	앞 전	등 등	불 화

'바람 앞의 등불'이라는 뜻으로, 매우 위태로운 처지나 오래 견디지 못할 상태를 가리킨다.

학수고대

鶴	首	苦	待
학	머리	쓸	기다릴

鶴	首	苦	待

'학의 목처럼 목을 길게 늘여 빼고 기다린다.'라는 뜻으로, 무언가를 간절히 기다릴 때 쓰는 표현이다.

함구무언

緘	口	無	言
봉할	입	없을	말씀

緘	口	無	言

'입을 다물고 아무 말도 하지 아니한다.'라는 뜻으로, 옳은 일 그른 일 가리지 않고 말하지 않으려는 의지를 가지고 침묵하는 경우에 쓰인다.

함흥차사

咸	興	差	使
다	일	다를	하여금

咸	興	差	使

'함흥 지방의 차사'라는 뜻으로, 심부름을 가서 아무 소식이 없이 돌아오지 않거나 늦게 오는 사람을 비유적으로 이르는 표현이다. 태조 이성계가 왕위에서 물러나 함흥에 있을 때, 아들 태종이 보낸 사신을 잡아 가두고 돌려보내지 않아 감감 무소식이었다는 고사에서 유래되었다.

허심탄회

虛	心	坦	懷
빌	마음	평탄할	품을

虛	心	坦	懷

마음에 품은 생각을 숨김없이 말할 수 있을 만큼 아무 거리낌이 없고 솔직하다는 뜻이다.

혈혈단신

孑	孑	單	身
외로울	외로울	홀	몸

孑	孑	單	身

'혈혈'은 '외로울 혈(孑)' 자가 두 번 쓰여 '매우 외로운 상태'를, '단신(單身)'은 '혼자의 몸'을 뜻한다. 가족 없이 홀몸이라서 매우 외로운 사람을 가리킨다.

실전 문제로 어휘력 완성하기

● 다음 시를 읽고 물음에 답하시오.

> 문전의 옥토는 어찌 되고   밭은 헐려서 신작로 되고
> 쪽박의 신세가 웬 말인가.   집은 헐려서 정거장 되네
> 아리랑 아리랑 아라리요   아리랑 아리랑 아라리요
> 아리랑 배 띄여라 노다 가세.   아리랑 배 띄여라 노다 가세.
>
> 　　　　　　　　　　　　　 – 작자 미상, 「아리랑 타령」 중에서

01 이 시는 민중의 삶의 터전을 파괴하는 개화의 허상을 비판하고 있다.
　　이처럼 어떤 것을 빗대어 비웃으며 비판하는 성격은?

　　　　　　　　　　　　　　　(　　　　　　　　　)

● 다음 시를 읽고 물음에 답하시오.

> 낙엽이 우수수 떨어질 때,
> 겨울의 기나긴 밤,
> 어머님하고 둘이 앉아
> 옛이야기 들어라.
>
> 　　　　　　　　　　 – 김소월, 「부모」 중에서

02 이 시에서처럼 현실에서 실제로 일어날 수 있는 평범한 내용을 담고 있는 성격은?

　　　　　　　　　　　　　　　(　　　　　　　　　)

● 다음 시를 읽고 물음에 답하시오.

> 쥘상치 두 손 바며   희뜩   흩는 꽃 쫓이던 나비
> 한입에 우겨넣다   눈이 팔려 우긴 채 내다보니   울 너머로 가더라.
>
> 　　　　　　　　　　　　　　　　　　　　　　　　 – 조운, 「상치쌈」

03 이 시에 대한 **보기** 의 설명을 읽고 빈칸에 들어갈 알맞은 말을 쓰시오.

> **보기**
>
> 입을 크게 벌려 쌈을 넣으려 하자 눈까지 희번덕해지는 표정을
> '희뜩'이라는 시어를 사용하여 ☐☐☐ 으로 표현하였다.

　　　　　　　　　　　　　　　(　　　　　　　　　)

● 04~06 다음 설명에 맞는 단어를 보기 에서 골라 쓰시오.

보기

| 미묘하다 | 방자하다 | 병약하다 |
| 빈정대다 | 볼품없다 | 생경하다 |

04 어떤 일이 익숙하지 않아 어색하고 낯설다. ( )

05 조심스러워하는 태도가 없이 무례하고 건방지다. ( )

06 뚜렷하지 않고 야릇하고 묘하다. ( )

● 07~09 제시된 초성을 참고하여 다음 예문을 완성하시오.

07 물가가 오르면 그에 따른 임금 인상도 ㅂ ㄱ ㅍ 하다. ( )
피할 수 없음.

08 앞뜰에는 진달래가 ㅅ ㄷ 하게 피어 있었다. ( )
생김새가 탐스럽고 풍족함.

09 그녀는 이목구비가 ㅅ ㄹ 하여 호감을 주는 인상이다. ( )
뛰어나게 아름다움.

● 10~12 보기 를 참고하여 내용에 맞는 사자성어를 완성하시오.

보기

| 전 | 수 | 화 | 탄 | 허 | 대 |
| 등 | 고 | 심 | 회 | 풍 | 학 |

10 매우 위태로운 처지나 오래 견디지 못할 상태를 의미함. ( )

11 애타게 기다리는 것을 의미함. ( )

12 마음에 품은 생각을 숨김없이 말할 수 있을 만큼 아무 거리낌이 없고 솔직함. ( )

28

국어 실력 확인 문제

제1차시

※ 다음 시를 읽고 물음에 답하시오.

> 펄펄 나는 저 꾀꼬리
> 암수 서로 정답구나.
> 외로울사 이 내 몸은
> 뉘와 함께 돌아갈꼬.
>
> – 유리왕, 「황조가」

01 이 시의 화자는 정다운 꾀꼬리를 보고 나서 더욱 외로워진다. 이때 '꾀꼬리'처럼 화자가 자신의 정서를 드러내는 것을 돕는 사물, 상황 등을 가리키는 말은?

( )

※ 다음 시를 읽고 물음에 답하시오.

> 나는 무엇인지 그리워
> 이 많은 별빛이 내린 언덕 위에
> 내 이름자를 써 보고
> 흙으로 덮어 버리었습니다.
>
> 딴은 밤을 새워 우는 벌레는
> 부끄러운 이름을 슬퍼하는 까닭입니다.
>
> 그러나 겨울이 지나고 나의 별에도 봄이 오면
> 무덤 위에 파란 잔디가 피어나듯이
> 내 이름자 묻힌 언덕 위에도
> 자랑처럼 풀이 무성할 거외다.
>
> – 윤동주, 「별 헤는 밤」 중에서

02 이 시에서는 부끄러움을 느낀 것은 화자인데, 벌레가 부끄러워하는 것으로 표현한다. 이처럼 화자가 자신의 감정을 어떤 대상에 투영하여 그 대상도 화자와 같은 감정을 느끼게 되는 것을 가리키는 말은?

( )

※ **03~05** 빈칸에 들어갈 단어를 보기 에서 찾아 알맞은 형태로 쓰시오.

보기

심오하다   숙연하다   심심찮다

03 희생자들을 생각하며 ( ) 마음으로 묵념을 했다.

04 사건의 배후에 대한 온갖 소문이 ( ) 들려왔다.

05 옛 성현들의 글에는 ( ) 가르침이 담겨 있다.

※ **06~08** 빈칸에 들어갈 단어를 보기 에서 찾아 알맞은 형태로 쓰시오.

보기

암담하다   역력하다   아우르다

06 지도자에게는 사람들을 ( ) 능력이 필요하다.

07 조국을 잃은 ( ) 현실 속에서도 사랑은 피어났다.

08 자신의 거짓말이 들통 나자 그의 얼굴에는 당황한 기색이 ( ).

09 입에 풀칠할 정도로 가난하게 살림을 꾸려 나가는 상황에 사용하는 사자성어는?

① 형설지공(螢雪之功)　② 호구지책(糊口之策)
③ 혼비백산(魂飛魄散)　④ 호시탐탐(虎視眈眈)

10 좋은 일에는 흔히 시샘하는 듯이 안 좋은 일들이 많이 따른다는 뜻의 사자성어는?

① 호언장담(豪言壯談)　② 혼비백산(魂飛魄散)
③ 호사다마(好事多魔)　④ 형설지공(螢雪之功)

시험 빈출 어휘로 국어 개념 잡기

객관적 상관물
서로 相 관계할 關 물건 物

시인은 자신이 말하고자 하는 생각이나 감정을 직접 표현하기보다 구체적인 사물이나 상황을 통해 간접적으로 전하려 한다. 화자가 자신의 정서를 드러내는 것을 돕는 사물, 상황 등을 '객관적 상관물'이라고 한다. 객관적 상관물은 시적 화자의 정서 표현을 돕는 역할을 하는 것으로 화자와 같은 처지일 수도 있고, 대비되는 처지일 수도 있다. 「황조가」에서 꾀꼬리의 정다운 모습을 보고 화자는 자신의 외로운 처지를 노래한다. 꾀꼬리는 화자의 감정 표현을 돕는 역할을 하는 '객관적 상관물'이다.

예시 유리왕, 「황조가」

펄펄 나는 저 꾀꼬리
암수 서로 정답구나.
외로울사 이 내 몸은
뉘와 함께 돌아갈꼬.

감정 이입
느낄 感 뜻 情 옮길 移 들 入

화자가 지닌 슬픔이나 그리움, 기쁨 등의 감정을 어떤 대상에 투영하여 그 대상도 화자와 같은 감정을 느끼는 것처럼 표현하는 것이 '감정 이입'이다. 단순히 감정 표현을 돕기만 하면 '객관적 상관물'이지만, 시적 화자의 감정과 같으면 객관적 상관물인 동시에 '감정 이입'이라 할 수 있다.
「황조가」에서 '꾀꼬리'는 화자의 감정 표현을 돕는 객관적 상관물이었지만, 외로운 화자와 달리 꾀꼬리는 행복한 상황이므로 감정 이입의 사례는 아니다.
윤동주의 「별 헤는 밤」에서는 시적 화자가 자신의 이름에 부끄러움을 느끼는 감정을 벌레에게 투영하여 표현했다. 이 시의 '벌레'는 객관적 상관물이면서, 화자와 동일한 감정을 느끼므로 감정 이입의 사례도 된다.

예시 윤동주, 「별 헤는 밤」 중에서

나는 무엇인지 그리워
이 많은 별빛이 내린 언덕 위에
내 이름자를 써 보고
흙으로 덮어 버리었습니다.

따은 밤을 새워 우는 벌레는
부끄러운 이름을 슬퍼하는 까닭입니다.

매개체
중매 媒 낄 介 몸 體

둘 사이에서 어떤 일을 맺어 주는 역할을 하는 것을 '매개체'라고 한다. 예를 들어 앨범에서 어릴 적 사진을 보면 당시의 추억이 떠오르는데, 이때 '사진'이 과거와 현재를 이어 주는 '매개체'라 할 수 있다. 문학 작품에서 매개체는 과거와 현재, 화자와 다른 사람, 현실과 이상 등 서로 다른 것을 연결해 주는 역할을 한다.

작품명	매개체	역할
윤동주, 「자화상」	우물	자아 성찰의 매개체
김종길, 「성탄제」	눈	과거와 현재를 연결하는 매개체
백석, 「흰 바람벽이 있어」	흰 바람벽	자기 내면을 성찰하는 매개체
정지용, 「유리창 1」	유리창	단절과 소통의 매개체

교과서 필수 단어로 어휘력 키우기

수월하다	어떤 일이 복잡하거나 힘들지 않아 하기가 쉽다. 예 이 창고는 정리가 잘되어 있어서 물건 찾기가 [ ][ ] 하다.
숙연하다 엄숙할 肅 그럴 然	고요하고 엄숙하다. 예 희생자들을 생각하며 [ ][ ][ ] 마음으로 묵념을 했다.
심심찮다	어떤 일이 드물지 않고 자주 있다. 예 사건의 배후에 대한 온갖 소문이 [ ][ ][ ][ ] 들려왔다.
심오하다 깊을 深 깊을 奧	사상이나 이론 따위가 깊이가 있고 오묘하다. 예 옛 성현들의 글에는 [ ][ ][ ] 가르침이 담겨 있다.
아우르다	여럿을 모아 한 덩어리가 되게 하다. 예 지도자에게는 사람들을 [ ][ ][ ]는 능력이 필요하다.
암담하다 어두울 暗 맑을 澹	아무런 희망이 없고 앞일이 막막하다. 예 조국을 잃은 [ ][ ][ ] 현실 속에서도 사랑은 피어났다
애달프다	마음이 안타깝거나 쓰라리다. 예 남편을 잃은 여자의 [ ][ ][ ] 울음소리만이 들려왔다.
앳되다	나이에 비하여 어려 보이는 느낌이 있다. 예 새로 오신 선생님은 학생으로 보일 정도로 [ ][ ] 얼굴이었다.
역력하다 지날 歷 지날 歷	감정이나 모습, 기억 등이 또렷하고 분명하다. 예 자신의 거짓말이 들통나자 그의 얼굴에는 당황한 기색이 [ ][ ]했다.
음산하다 그늘 陰 흩을 散	날씨가 흐리고 으스스하다. 예 진눈깨비라도 내릴 것처럼 [ ][ ][ ][ ] 날씨가 맑게 개었다.

사자성어로 어휘력 확장하기

※ 한자를 따라 쓰고 뜻과 음을 쓰세요.

형설지공

螢	雪	之	功
반딧불이	눈	갈	공

螢	雪	之	功
반딧불이 형	눈 설	갈 지	공 공

'반딧불이와 눈의 공'이라는 뜻으로, 고생 속에서도 꾸준히 공부하여 얻은 보람을 일컫는다. 진나라 때 차윤이 반딧불을 모아 그 불빛으로 글을 읽고, 손강이 가난하여 겨울밤에는 눈의 빛에 비추어 글을 읽었다는 고사에서 유래했다.

호구지책

糊	口	之	策
풀칠할	입	갈	꾀

糊	口	之	策

'입에 풀칠하다.'라는 뜻으로, 겨우 먹고살기 위한 방책을 가리킨다.

호사다마

好	事	多	魔
좋을	일	많을	마귀

好	事	多	魔

'좋은 일에는 마가 많이 낀다.'라는 뜻으로, 경사스러운 일에는 흔히 시샘하는 듯이 안 좋은 일들이 많이 따르는 것을 의미한다.

호시탐탐

虎	視	眈	眈
범	볼	노려볼	노려볼

虎	視	眈	眈

'범이 눈을 부릅뜨고 먹이를 노려본다.'라는 뜻으로, 남의 것을 빼앗기 위하여 기회를 노리고 엿보는 것을 말한다.

호언장담

豪	言	壯	談
호걸	말씀	장할	말씀

豪	言	壯	談

분수에 맞지 않는 말을 큰소리로 자신 있게 말할 때 쓰이는 표현이다.

혼비백산

魂	飛	魄	散
넋	날	넋	흩을

魂	飛	魄	散

'넋이 날아가고 넋이 흩어진다.'라는 뜻으로, 몹시 놀라 어찌할 바를 모르는 경우를 가리킨다.

실전 문제로 어휘력 완성하기

● 01~02 다음 시를 읽고 물음에 답하시오.

> 밤이도다.　　　　　　　　날은 빠르다.
> 봄이다.　　　　　　　　　봄은 간다.
>
> 밤만도 애달픈데　　　　　깊은 생각은 아득이는데
> 봄만도 생각인데　　　　　저 바람에 새가 슬피 운다.
>
> 　　　　　　　　　　　　　　　　　– 김억, 「봄은 간다」 중에서

01　화자의 감정을 어떤 대상에게 투영하여 그 대상도 화자와 같은 감정을 느끼듯이 표현하는 기법은?

(　　　　　　　　　　　)

02　이 시에서 화자가 느끼는 슬픈 감정을 어떤 대상에 투영하였는지 찾아 쓰시오.

(　　　　　　　　　　　)

● 03~04 다음 시를 읽고 물음에 답하시오.

> 그립다　　　　　　　　　저 산에도 까마귀, 들에 까마귀,
> 말을 할까　　　　　　　　서산에는 해 진다고
> 하니 그리워.　　　　　　지저귑니다.
>
> 그냥 갈까　　　　　　　　앞 강물, 뒤 강물
> 그래도　　　　　　　　　흐르는 물은
> 다시 더 한번……　　　　어서 따라 오라고 따라가자고
> 　　　　　　　　　　　흘러도 연달아 흐릅디다려.
>
> 　　　　　　　　　　　　　　　　　– 김소월, 「가는 길」

03　화자가 자신의 정서를 드러내는 것을 돕는 구체적인 사물, 상황 등을 가리키는 말은?

(　　　　　　　　　　　)

04　화자에게 이별을 재촉함으로써 아픔을 심화시키는 시어 2개를 찾아 쓰시오.

(　　　　　　　　　), (　　　　　　　　　)

● 05~07 다음 설명에 맞는 단어를 보기 에서 골라 쓰시오.

보기

| 숙연하다 | 심심찮다 | 애달프다 |
| 암담하다 | 수월하다 | 음산하다 |

05 아무런 희망이 없고 앞일이 막막하다. ( )

06 어떤 일이 복잡하거나 힘들지 않아 하기가 쉽다. ( )

07 어떤 일이 드물지 않고 자주 있다. ( )

● 08~10 제시된 초성을 참고하여 다음 예문을 완성하시오.

08 우리 조상이 남긴 글 속에는 ㅅ ㅇ 한 사상이 담겨 있다. ( )
사상이나 이론 따위가 깊이가 있고 오묘하다.

09 모든 팀원의 힘을 ㅇ ㅇ ㄹ 상대편을 물리치도록 하자. ( )
여럿을 모아 한 덩어리가 되게 하다.

10 경기를 앞둔 선수의 얼굴에 긴장한 표정이 ㅇ ㄹ 했다. ( )
감정이나 모습, 기억 등이 또렷하고 분명하다.

● 11~13 보기 를 참고하여 내용에 맞는 사자성어를 완성하시오.

보기

| 지 | 지 | 구 | 형 | 호 | 호 |
| 설 | 마 | 사 | 다 | 책 | 공 |

11 고생 속에서도 꾸준히 공부하여 얻은 보람을 이르는 말. ( )

12 겨우 먹고 살아가는 방책을 뜻함. ( )

13 좋은 일에는 흔히 시샘하는 듯이 안 좋은 일들이 많이 따름. ( )

국어 실력 확인 문제

※ 다음 시를 읽고 물음에 답하시오.

> 한밤에 홀로 보는 나의 마당은
> 호수같이 둥긋이 차고 넘치노나.
>
> 쪼그리고 앉은 한옆에 흰 돌도
> 이마가 유달리 함초롬 고와라.
>
> 연연턴 녹음, 수묵색으로 짙은데
> 한창때 곤한 잠인 양 숨소리 설키도다.
>
> – 정지용, 「달」 중에서

01 이 시에서 두드러지게 나타나는 성격은?

① 해학적   ② 풍자적
③ 회화적   ④ 우의적

※ 다음 시를 읽고 물음에 답하시오.

> 남들은 기뻤다는 젊은 날이었건만
> 밤마다 내 꿈은 서해를 밀항하는 정크와 같아
> 소금에 절고 조수(潮水)에 부풀어 올랐다.
>
> 항상 흐릿한 밤 암초를 벗어나면 태풍과 싸워
> 가고
> 전설에 읽어 본 산호도는 구경도 못 하는
> 그곳은 남십자성이 비쳐 주지도 않았다.
>
> – 이육사, 「노정기(路程記)」 중에서

02 이 시에서 두드러지게 나타나는 성격은?

① 풍자적   ② 해학적
③ 우의적   ④ 회고적

※ **03~05** 빈칸에 들어갈 단어를 **보기**에서 찾아 알맞은 형태로 쓰시오.

보기

정연하다   절묘하다   척박하다

---

03 인사동은 고전과 현대가 (   ) 공존하는 곳이다.

04 미나리는 자생력이 강하여 (   ) 땅에서도 잘 자란다.

05 계획서에는 모든 강의 내용이 (   ) 정리되어 있었다.

※ **06~08** 빈칸에 들어갈 단어를 **보기**에서 찾아 알맞은 형태로 쓰시오.

보기

절박하다   진부하다   정박하다

---

06 태풍 소식에 많은 배가 (   ) 위해 항구로 모여들었다.

07 그녀의 (   ) 사정을 듣고 너도나도 도움의 손길을 보냈다.

08 새로운 시대에 맞지 않는 너무 (   ) 표현들로 채워져 있었다.

09 어떤 의견이나 주장 따위가 완전히 하나로 일치하는 것을 의미하는 사자성어는?

① 호연지기(浩然之氣)   ② 혼연일치(渾然一致)
③ 화룡점정(畵龍點睛)   ④ 희로애락(喜怒哀樂)

10 이미 잘못된 것을 뒤늦게 뉘우쳐도 다시 어찌할 수가 없음을 의미하는 사자성어는?

① 황당무계(荒唐無稽)   ② 호연지기(浩然之氣)
③ 후회막급(後悔莫及)   ④ 화룡점정(畵龍點睛)

시험 빈출 어휘로 국어 개념 잡기

향토적 시골 鄕 흙 土

고향이나 시골의 정취가 담겨 있다는 뜻이다. 김영랑의 「오-매 단풍 들겄네」는 '오매, 들겄네'와 같은 전라도 방언으로 향토적인 분위기를 드러낸다.

예시 김영랑, 「오-매 단풍 들겄네」 중에서

"오-매, 단풍 들겄네."
장광에 골 붉은 감잎 날러오아
누이는 놀란 듯이 치어다보며
"오-매, 단풍 들겄네."

회고적 돌아올 回 돌아볼 顧

지나간 일을 돌이켜 생각한다는 뜻이다. 이육사의 「노정기」에서 화자는 힘들고 고통스러웠던 지난 삶을 회고하고 있다.

예시 이육사, 「노정기(路程記)」 중에서

남들은 기뻤다는 젊은 날이었건만
밤마다 내 꿈은 서해를 밀항하는 정크와 같아
소금에 절고 조수(潮水)에 부풀어 올랐다.

우의적 부칠 寓 뜻 意

말하고자 하는 바를 직접 말하지 않고 다른 것에 빗대어 간접적으로 표현하는 것을 '우의적'이라고 한다. 정약용의 한시 「고시 8」은 제비의 입을 빌려 힘없는 백성을 약탈하는 탐관오리의 횡포를 우의적으로 비판하고 있다.

예시 정약용, 「고시 8」 중에서

"느릅나무 홰나무 묶어 구멍 많은데
어째서 그곳에 깃들지 않니?"

제비 다시 지저귀며 / 사람에게 말하는듯
"느릅나무 구멍은 황새가 쪼고
홰나무 구멍은 뱀이 와서 뒤진다오."

회화적 그림 繪 그림 畵

그림의 성격을 띠는 것이라는 뜻이다. 풍경화를 보는 듯한 시각적 묘사가 두드러지는 작품의 성격을 '회화적'이라고 한다. 정지용의 「달」은 다양한 감각적 시어를 사용하여 달빛의 풍경을 회화적으로 묘사하고 있다.

예시 정지용, 「달」 중에서

한밤에 홀로 보는 나의 마당은
호수같이 둥긋이 차고 넘치노나.

쪼그리고 앉은 한옆에 흰 돌도
이마가 유달리 함초롬 고와라.

연연턴 녹음, 수묵색으로 짙은데
한창때 곤한 잠인 양 숨소리 설키도다.

교과서 필수 단어로 어휘력 키우기

절묘하다
끊을 絶 묘할 妙

비교할 데가 없을 만큼 아주 놀랍고 신기하다.

例 오늘 경기는 감독의 예상과 [ ][ ][ ][ ] 맞아떨어졌다.

절박하다
끊을 切 핍박할 迫

어떤 일이나 사정이 매우 다급하고 절실하다.

例 난민들에게는 무엇보다 식량 문제가 [ ][ ] 하다.

정갈하다

보기에 깨끗하고 깔끔하다.

例 어머니께서는 [ ][ ][ ] 솜씨로 손님상을 차려내셨다.

정박하다
닻 碇 머무를 泊

배가 부두나 다른 장소에 닻을 내리고 머무르다.

例 선박들은 태풍을 피해 항구에 서둘러 [ ][ ] 했다.

정연하다
우물 井 그럴 然

말이나 글, 행동 등이 앞뒤가 들어맞고 짜임새가 있다.

例 이 보고서는 논리가 [ ][ ][ ][ ] 체계적이다.

척박하다
여윌 瘠 엷을 薄

땅이 기름지지 못하고 몹시 메마르다.

例 이 땅은 너무 [ ][ ] 해서 어떤 곡물도 자랄 수 없다.

청량하다
맑을 淸 서늘할 涼

맑고 시원하다.

例 [ ][ ][ ] 가을 날씨 덕분에 더욱 즐거운 나들이가 되었다.

청승맞다

궁상스럽고 처량하여 보기에 몹시 언짢다.

例 노인은 어두운 방에 홀로 앉아 [ ][ ][ ][ ] 울기 시작했다.

케케묵다

물건, 일, 지식 따위가 아주 오래되어 낡다.

例 역사를 [ ][ ][ ][ ] 과거의 이야기라고 생각해서는 안 된다.

진부하다
베풀 陳 썩을 腐

사상, 표현, 행동 따위가 낡아서 새롭지 못하다.

例 그 영화는 결말이 너무나도 뻔하고 [ ][ ][ ] 다.

사자성어로 어휘력 확장하기

※ 한자를 따라 쓰고 뜻과 음을 쓰세요.

호연지기

浩	然	之	氣
넓을	그럴	갈	기운

浩	然	之	氣
넓을 호	그럴 연	갈 지	기운 기

'넓고 왕성하게 뻗친 기운'이라는 뜻으로, 어떤 것에도 굽히거나 흔들리지 않는 크고 넓은 도덕적 용기를 가리킨다.

혼연일치

渾	然	一	致
흐릴	그럴	한	이를

渾	然	一	致

의견이나 주장 따위가 완전히 하나로 일치하는 경우에 쓰이는 표현이다.

화룡점정

畵	龍	點	睛
그림	용	점	눈동자

畵	龍	點	睛

용을 그리고 마지막으로 눈동자를 그렸더니 실제 용이 되어 하늘로 날아 올라갔다는 고사에서 유래한 말이다. 무슨 일을 하는 데에 가장 중요한 부분을 완성함을 의미한다.

황당무계

荒	唐	無	稽
거칠	당나라	없을	상고할

荒	唐	無	稽

이야기나 행동이 터무니없고 근거가 없다는 뜻이다.

후회막급

後	悔	莫	及
뒤	뉘우칠	없을	미칠

後	悔	莫	及

이미 잘못된 것을 뒤늦게 뉘우쳐도 다시 어찌할 수가 없다는 뜻이다.

희로애락

喜	怒	哀	樂
기쁠	성낼	슬플	즐길

喜	怒	哀	樂

'기쁨과 노여움, 슬픔과 즐거움'이라는 뜻으로, 곧 사람의 여러 가지 감정을 의미한다.

실전 문제로 어휘력 완성하기

● **01~02** 다음 시를 읽고 물음에 답하시오.

바닷가 햇빛 바른 바위 위에
습한 간(肝)을 펴서 말리우자.

코카서스 산중에서 도망해 온 토끼처럼
둘러리를 빙빙 돌며 간을 지키자.

내가 오래 기르는 여윈 독수리야!
와서 뜯어 먹어라, 시름없이

— 윤동주, 「간」 중에서

01 이 시에 대한 **보기** 의 설명을 읽고 빈칸에 들어갈 알맞은 말을 쓰시오.

보기

이 시는 동양의 설화인 '구토지설(龜兔之說)'과 서양의 그리스 신화 속의 프로메테우스 이야기를 접목하여, 인간의 양심과 존엄성을 회복하려는 의지를 ☐☐☐ 으로 표현하고 있다.

(   )

02 시적 화자가 고귀하게 생각하는 정신적 가치이자 양심을 뜻하는 시어는?

(   )

● 다음 시를 읽고 물음에 답하시오.

뒷산은 청청(靑靑)   산새는 죄죄
풀 잎사귀 푸르고   제 흥을 노래하고
해수는 중중(重重)   바다엔 흰 돛
흰 거품 밀려든다.   옛길을 찾노란다.

— 김억, 「오다 가다」 중에서

03 이 시에서처럼 고향이나 시골의 정취가 느껴지는 성격은?

(   )

● 04~06 다음 설명에 맞는 단어를 **보기** 에서 골라 쓰시오.

─────── 보기 ───────
| 청승맞다 | 진부하다 | 척박하다 |
| 정갈하다 | 정박하다 | 정연하다 |

04 보기에 깨끗하고 깔끔하다.   (   )

05 땅이 기름지지 못하고 몹시 메마르다.   (   )

06 사상, 표현, 행동 따위가 낡아서 새롭지 못하다.   (   )

● 07~09 제시된 초성을 참고하여 다음 예문을 완성하시오.

07 낡은 상자에서 ㅋ ㅋ ㅁ 은 옛 일기장을 찾았다.   (   )
                       물건, 일, 지식 따위가 아주 오래되어 낡다.

08 산 정상에서 ㅊ ㄹ 한 가을 바람을 맞으니 마음까지 상쾌해졌다.   (   )
          맑고 시원함.

09 골키퍼의 키를 넘어 들어가는 ㅈ ㅁ 한 슛으로 결승골을 넣었다.   (   )
                   비교할 데가 없을 만큼 아주 놀랍고 신기함.

● 10~12 **보기** 를 참고하여 내용에 맞는 사자성어를 완성하시오.

─────── 보기 ───────
| 당 | 연 | 점 | 황 | 룡 | 지 |
| 기 | 정 | 계 | 화 | 호 | 무 |

10 어떤 것에도 굽히거나 흔들리지 않는 크고 넓은 도덕적 용기를 뜻함.   (   )

11 이야기나 행동이 터무니없고 근거가 없다.   (   )

12 무슨 일을 하는 데에 가장 중요한 부분을 완성함을 의미함.   (   )

Foreign Copyright:
Joonwon Lee   Mobile: 82-10-4624-6629
Address: 3F, 127, Yanghwa-ro, Mapo-gu, Seoul, Republic of Korea
              3rd Floor
Telephone: 82-2-3142-4151
E-mail: jwlee@cyber.co.kr

중등 내신 **잡고** ➕ 수능 국어 **실력** 다지는

개념어·어휘력 1 - 시 문학 -

2022. 4. 26. 1판 1쇄 발행
2024. 6. 26. 1판 2쇄 발행

저자와의
협의하에
검인생략

지은이 │ 꿈씨앗연구소
펴낸이 │ 이종춘
펴낸곳 │ BM (주)도서출판 **성안당**
주소 │ 04032 서울시 마포구 양화로 127 첨단빌딩 3층(출판기획 R&D 센터)
     │ 10881 경기도 파주시 문발로 112 파주 출판 문화도시(제작 및 물류)
전화 │ 02) 3142-0036
     │ 031) 950-6300
팩스 │ 031) 955-0510
등록 │ 1973. 2. 1. 제406-2005-000046호
출판사 홈페이지 │ www.cyber.co.kr
ISBN │ 978-89-315-5848-7 (53710)
정가 │ **14,000원**

이 책을 만든 사람들
책임 │ 최옥현
기획·진행 │ 정지현
표지·본문 디자인 │ 이플앤드, 박원석
홍보 │ 김계향, 임진성, 김주승
국제부 │ 이선민, 조혜란
마케팅 │ 구본철, 차정욱, 오영일, 나진호, 강호묵
마케팅 지원 │ 장상범
제작 │ 김유석

www.cyber.co.kr ★★★
성안당 Web 사이트

■ **도서 A/S 안내**

성안당에서 발행하는 모든 도서는 저자와 출판사, 그리고 독자가 함께 만들어 나갑니다.
좋은 책을 펴내기 위해 많은 노력을 기울이고 있습니다. 혹시라도 내용상의 오류나 오탈자 등이 발견되면 **"좋은 책은 나라의 보배"**로서 우리 모두가 함께 만들어 간다는 마음으로 연락주시기 바랍니다. 수정 보완하여 더 나은 책이 되도록 최선을 다하겠습니다.
성안당은 늘 독자 여러분들의 소중한 의견을 기다리고 있습니다. 좋은 의견을 보내주시는 분께는 성안당 쇼핑몰의 포인트(3,000포인트)를 적립해 드립니다.
잘못 만들어진 책이나 부록 등이 파손된 경우에는 교환해 드립니다.